教子艺术漫谈

杨海文
邵金枝
编著

金盾出版社

内 容 提 要

本书作者系统全面地向读者介绍了自己的教子经验和有益开发孩子智力的扑克学算法。内容丰富，知识性、可读性强，给广大家长提供了宝贵的可供借鉴的教子经验。

图书在版编目（CIP）数据

教子艺术漫谈/杨海文，邵金枝编著. —北京：金盾出版社，2004.5
ISBN 7-5082-3024-8

Ⅰ.教… Ⅱ.①杨…②邵… Ⅲ.家庭教育-经验
Ⅳ.G78

中国版本图书馆 CIP 数据核字（2004）第 039429 号

金盾出版社出版、总发行
北京太平路 5 号（地铁万寿路站往南）
邮政编码：100036 电话：68214039 66882412
传真：68276683 电挂：0234
封面印刷：北京精美彩印有限公司
正文印刷：北京金盾印刷厂
各地新华书店经销
开本：787×1092 1/32 印张：8.125 字数：135.4 千字
2004 年 11 月第 1 版第 2 次印刷
印数：11001—21000 册 定价：9.50 元

教子箴言

父母要培养孩子良好的心理素质、坚强的意志、美好的心灵、活泼开朗的性格，这是造就合格人才的坚实基础。在孩子成长的历程中，父母是第一位老师，第一座路标，因此，父母的教育作用至关重要。

*　　　*　　　*　　　*

孩子是花朵，就要科学培植；孩子是“宝贝”，就要用心护理；孩子是小鸟，就要让他展开翅膀，勇敢地飞翔。

*　　　*　　　*　　　*

所有的孩子，都有一种无法满足的好奇心：好听、好看、好问、好想，这是求知欲的表现，是智力发展的驱动心理，越是聪明的孩子，好奇心就越强，这就亟待家长的启迪、辅导和支持，万不能认为是孩子的胡思瞎想，而置若罔闻。

*　　　*　　　*　　　*

父母培养孩子的创造力必须注意：不要轻易批评孩子，不要指责孩子的错误和失败，不要对孩子唠叨不休，不要限制孩子的自由，更不要因为怀疑孩子的能力而事事代劳。

*　　　*　　　*　　　*

培养孩子的创造力，需要家长的爱、关心和科学的方法。今天的家长，应改变思维方式，打破墨守成规的积习，让孩子掌握创新思维的金钥匙，开启智慧之门，敢于标新立异，使其成长为人格更为完善的栋梁之才。

前　言

我们夫妇二人都是教师，从事教育工作三十多年来，一直工作在教学第一线，上班从事的工作是教书育人，下班后谈论最多的还是教育工作。我们教过的学生数以千计，观察研究过的教育成败的实例更多。因为我们都工作在普通的学校，教过的学生大多数是普通家庭的孩子，多年来我们和他们教学相长，既分享他们成功的喜悦，吸纳他们成功的经验，也体味着失败的苦涩，总结失败的教训。多年的观察告诉我们，在教育子女的战场上，“不能打无准备之仗”。如果你已经结婚了，但是还没有足够的教育子女的常识，那么就不要急着生孩子，以免在教子的战场上败走麦城。

牛顿有句名言：“如果说我比旁人看得远些，那是因为我站在巨人的肩膀上。”一般来说，人们在还没有教子经验的时候，却正肩负着教子重任，而当有了足够的教子经验时，教子已成为过去。如果在负有教子义务之前，多听听别人的教子成败说；如果我们这些当教师、做家长的过来人，把自己教育子女的是非曲直如实谈一谈，让那些正负有教育子女义务的家长们有足够的借鉴，让他们“未出茅庐便知三分天下”，那么，教子之事不就又多了许多成功者吗！

归纳多年来我们观察研究过的教育子女成败的实例，我们了解到：“成功的家庭教育是相同或相似的——那就是家长始终把教子放在首位，十余年如一日，艺术的教育孩子在德、智、体、美、劳等方面全面发展。至于教子失败的教训，则各有不同的悔恨。

教子成功之路像是爬高山，要付出多年的努力与艰辛，同时收获到登高远眺的舒畅与“一览众山小”的无尽风光。而教子失败的歪道则像是坐滑梯，稍一放纵就可能造成终生难以挽回的遗憾。当你在某段时间内疏于教育，发现孩子已走上了歪路，再想帮助他改正时，就要付出更大的艰辛，往往还是事倍功半。

教子成功者被称作“有远见”，然而其所以有远见，就在于“他站在了巨人的肩膀上”，不过是善于总结前人的经验、教训，在教子的登攀中走了一条直路而已；失利者则往往是不善于借鉴，或糊涂地认为“树大自直”，而撒手不管，或者溺爱，一味放纵。到头来既贻误后代，又给自己招来了无尽的烦恼，走了一条各不相同的歧途。

近些年来，孩子们的求学竞争愈演愈烈，家家户户几乎都以此为头等大事。竞争的新趋势已发展到不仅是学生与学生之间的竞赛，而且也是家长与家长之间的教子竞赛。像奥运赛场一样,场上运动员流汗,场下教练员揪心。赛的是教练员对运动员多年的训练,拼的是运动员与教练员的素质。学习竞赛是个更大的赛场,学生们在这个赛场中优胜劣汰,社会在这里选拔人才。一个优秀的运动员,一般都是从小就开始严格训练,而培养一个品学兼优的学生,则要从他咿呀学语时认真抓起,而且要讲究艺术,十数年如一日的兢兢业业,才有希望走向成功。我们把多年在教学、教育子女过程中的一些观察和体会,和他人教育成功的经验、教训,以及益于开发孩子智力的扑克学算法书写成册,分几个方面介绍给肩负教子重任的家长们,以期共享。

杨海文　邵金枝

于山东德州二中

目 录

一、教育孩子要“抢码”

对儿童尽早进行学前教育，家长要给予高度重视。事前应该有所准备，实施应该有计划，教学要有目标，做到有条不紊，善始善终。早期教育既要和谐地与儿童正常生活相吻合，又要把学知识有机地穿插于游戏及锻炼身体的活动之中。

对儿童实施早期教育并不难，没有太多的奥妙所在。只要拥有一颗爱心，有一点耐心，再有一些恒心，也就有了做好儿童早期教育的基础。

1. 在早期教育中要注重开发利用“童子功”

儿童的大脑像一张洁白的纸，儿童时期是记忆能力地培养，开发、利用的最佳时期，尤其是四、五岁至十几岁之间的少年儿童，其记忆力最为旺盛。如果在此期间让他们随意记些乱七八糟的东西，无异于将十分肥沃的土地闲置撂荒一样可惜。及时的开发利用儿童的记忆功能，让他们记忆一些动听的乐曲；语言通俗而寓意深刻的诗歌；有进步意义的儿歌；语言优美歌颂幸福生活、描绘自然风光的小短文等等。学习这些文明、美好的文字、乐曲的同时，既增长了孩子们的文化知识，同时也陶冶了孩子们的情操。这样，在儿童纯洁的心灵中，首先画上的就是一株碧绿洁净的幼苗。

我们的女儿叫杨晨蕾,在早期教育中,我们教她背诵了一些通俗易懂的古诗词、名人名言;以及歌颂大自然、赞美新生活的小短文。这些她至今不忘,在写文章及讲课、讲话中运用自如,既使文章增加了韵味,又增强了对听众的吸引力。这就是所谓千金难买的“童子功”。

谈到开发利用“童子功”,我家的受益者并非此一代人。我的老父亲年过七旬时,提笔便能不假思索地写出诸如:“春问谁作首,梅曰我当先”之类的若干副春联。与人谈话中很自然地引用一些《论语》及《大学》中的语句,这些多数是他幼年时期强记的结果。

我的伯父是名老中医,幼年时曾被私塾先生用戒尺逼着死记硬背了一些药书,那时的教学方式很残酷,先教背诵,后教写字,几年后才开始讲课。这种教学方式,浪费时间,学习效率也低。但是,任何事物都是一分为二的,伯父幼年死记硬背的那些药书,后来经讲解弄懂了之后,能够记忆的非常牢固,他老人家八十多岁高龄时,仍能为别人诊脉、开药。

有一次伯父为病人诊脉开药方时,我问他:“你现在所开的药方,是不是仅凭老经验?那些药理学、病理学还能记得吗?”这话说的有点唐突,惹恼了他老人家,只见老人家咯噔一声把笔搁在桌上,双目微眯,便把所开方剂中每一味中药的性味功效逐一背诵出来:“丹参,味苦、性微寒。归心,心包、肝经。凉血消痈,除烦安神……”背完各味中草药的性味功效,接着背诵汤头歌,并且说明辨证治疗的道理。然后才睁开眼睛,双目直视着我。这一举动使在座的人赞叹不已。在我连声佩服地称颂之后,他老人家才心平气和下来,很诚恳地告诉我,“这叫‘童子功’。不怕诸位笑话,当年我在吃奶的时候就开始背这些东西。”接下来很得意地对我说:“你猜怎么样?那个年龄背过的东西,至今不忘。”

由此可见,儿童时期良好的记忆功能,是人们宝贵的资源,不及时开发利用是一种浪费。

开发利用儿童的记忆功能,开展早期教育,自古以来就有许多成功的实例,远的不说,清王朝统治者中从康熙皇帝到嘉庆皇帝,无一不是早期教育的成功范例。

民族英雄林则徐,五岁时参加朝庭开设的“童子试”。因为考场上人太多,有点儿拥挤,年幼的林则徐是骑在他父亲的脖儿梗上,进入考场面见主考官的。考官见此状开玩笑地说:“骑父为马”,林则徐不慌不忙地应对下联:“望子成龙”。流利、巧妙地应答,得到考官的好评。

少年林则徐登山游戏至山顶,便留下脍炙人口

的佳句:“海到无边天作岸,山登绝顶我为峰。”可见林则徐幼年就接受了良好的教育。

清末军机大臣,河北省南皮县人士张之洞,幼年时便能吟诗作赋,出口成章,七岁时参加科考,考官为他出上联:“南皮神童七岁,”张之洞立即应对:“京城天子万年”。流利地应答受到考官的称赞。

古人有重视早期教育者,成功地造就出了盛世君主,也培养出了许多国家栋梁之才。近些年来很多人都重视早期教育,培养出了许多优秀学子、出类拔萃之辈。这些经验在报刊杂志中屡见不鲜。

今天为人父母者,若仍未重视早期教育,不懂得争分夺秒地抢时间,不尽早地开发孩子们的智力,培养他们的能力,让自己可爱的孩子在半荒芜状态下虚度童年时光,就有些太遗憾了。如果换一个角度说话,这应该属于渎职,或者说叫做“不作为”。

2. 理想化的早期教育方式

在现实情况下,大多数家庭只有一个孩子,孩子往往是全家上下五、六个大人共同疼爱的宝贝,有的孩子跟着爷爷奶奶过,有的常住姥姥家。老人帮助带孩子,往往在生活上照顾得无微不至,然而对于传授知识、培养品格方面却常常被忽视,一般的是娇宠有余,训导不足。

在一般的家庭中,父母因为工作忙,带孩子、教育训练孩子往往缺乏计划性与经常性。

然而,学前教育,应该由专职教师或家长负责。负责学前教育的人,既需要有一定的学识,更需要懂一点儿童心理学,要真心喜欢孩子,并且熟悉学前教育的方法。

一周岁以内的孩子,需要有一个专人护理的同时,教孩子说普通话,教孩子长见识、长身体。二—三岁的孩子就可以由一个老师带两个孩子,一边玩耍,一边学习,可以比一岁的孩子用更多一些时间在室外游戏。让他们多观察自然、观察社会,在观察中学习各种知识。四—五岁的孩子已进入记忆能力比较旺盛的时期。这时,适宜一名专业老师带领三—五名儿童,以游戏为主要形式,有机地把品格培养,知识学习融入游戏之中。

总之,学前教育应以室外活动为主,在有益于长身体,有益于良好品格养成的前提下,有计划地学习一些算术、语文知识,了解一点天文、气象、历史、地理常识,诸如《上下五千年》、《十万个为什么》之类的儿童读物,是较好的学前教育教材。重要的是通过学前教育,培养出一个积极向上的个性,训练出一个强健的体魄。在文化知识方面须达到小学一年级以上的水平。并且利用儿童时期良好的记忆功能,尽量多地强记一些通俗易懂的诗词文章。

当今，在学前教育中，往往是一个家长只带一个孩子，这样，无论是教孩子识字，还是锻炼身体，都缺乏比赛气氛。因为，没有竞争的活动，就没有激情，没有激情就没有高效率。这就是我在教自己的孩子学习时，总欢迎别人的孩子一起来的原因之一。

其实，这种做法自古就有。我们在小说或电视剧中经常见到，上至皇子皇孙，下到富家子弟，在请一名高水平的先生办私塾教育的同时，假如学子太孤单，还要请一名伴读生，因为有了伴读生，可以提高学习效率。

我做过这样的实验，当你只教一个孩子写字的时候，他写了一两个字就开始走神，注意力就不集中了，如果是两个孩子一同学习写字，让他们比赛看谁写的正确，看谁写的工整，他们的认真程度就高，注意力集中的时间就长。学习效率也相对高一点儿。例如在让孩子爬楼梯锻炼身体时，如果是一个孩子单独爬楼梯，他可能只爬上半层楼梯就停住了。而后，伸开两只胳膊，要求你抱着上楼。假如是两个孩子比赛爬楼梯，他们便可兴致勃勃地一口气爬上四楼。

理想化的学前教育，说的理想化了一点。现实中，我们的学前教育任务，主要是由孩子的家长自己承担。因此，作为孩子的家长，应该根据自己的现有条件,加上利用社会教学力量(各种幼儿园),尽可能地让自己的孩子享受较为理想化的学前教育。

在学前教育中,教无定法,教学服从孩子的兴趣,灵活地选择教材与教法。在学前教育中,学无定所,学习要照顾到孩子的求知欲及好奇心,因地制宜,因材施教。几个小孩子在一起唱儿歌,做游戏。儿歌就是很好的语文学习教材。带领孩子们一同捉小鱼,逮蚂蚱,识数教学就穿插在其中。孩子们喜欢到风景秀丽的郊外游玩,田园、乡路就是最好的课堂。带他们到农村去,观察农民种田的同时,了解一粒粮,一棵菜来之不易。带领孩子去工厂看工人在车床旁、在高炉边做工,观看他们一脸汗水,两手油污,辛勤地劳动。教育孩子要尊重工人,尊重农民,尊重劳动。让他们在观看中了解一些工农业知识的同时,也可以适时地教一些算数、语文知识。

通过系统地学前教育,让孩子在德、智、体、美、劳等方面领先于人,这是培养一名优秀学子的第一步,坚实地迈好这第一步,才有利于日后教子步步攀高。

3. 我教女儿"抢码"学习

在百米赛跑的起跑线上,如果允许某个运动员抢码,那么,此次比赛的冠军也就非他莫属了。事实上,在体育比赛中,那样做是违例的。然而在教子赛

场上，人们只看在终点处谁超过了某个录取分数线，而不管其是否抢先起跑，在这里"抢码"是允许的，是负责任的家长们的明智之举。许多人这样做了，都取得了成功。他们获得的成功，使孩子在十几年的学习生涯中能够领先于他人。而这种领先带来的精神享受，远比获金得宝更幸福得多，也是家长们的最高享受。

我在多年的教学中，常常碰到这样的情况，面对自己的孩子学习成绩落后，而万般无奈时，家长提出的办法是："能不能让孩子留一级。"他们的想法是：别人用三年完成的学业，咱用四年或五年完成，最后也一定要让他考上大学。这里暂不谈留级对孩子心理上的某些负面作用。每遇这事，我都会暗自思忖：与其今日出此下策，何不当初"笨鸟先飞"，在学前教育中，抢出一两年的时间，不就足够了吗？

从另一个角度说，其有所不知，如果想建造一座高楼，而地基没有夯实的话，那么，即使用再多的时间去加固、装修，充其量也只能盖一座比萨斜塔之类，要想在其基础上竖起一座摩天大厦已是困难重重了。这也是我们写作本书的初衷。

让孩子"抢码"，实际上就是说要尽早地、及时地开发孩子的智力，培养孩子的能力，在关注其身心健康成长的同时，教他做人，做好人，做强者；教学算术、语文知识,适时地抓紧抓好学前教育。凡经我指导这样做的,和我观察到别人这样做了的,都是成功者。我对女儿的学前教育就是一个例证。

当女儿在咿呀学语时,我们就注意用准确简练的语言跟她说话,实际上就是开始了语言教学。这个阶段我们尽量创造机会,带她多观察社会上的事物、景物,丰富她的感性知识。当她还在蹒跚学步时,我们就开始了识数教学。说是教学,实际上就是在陪着孩子玩时,恰当地把识数教学、语言教学融入其中。在这个阶段根据孩子的年龄特点,原则上应该以玩为主,以学习基本生活能力为主,以锻炼身体、培养品格为主,学习算术、语文知识也就是见缝插针而已。在游戏中给她讲故事,有历史故事、也有现代故事,有树立榜样培养优良品质的故事,也有娱乐、长知识的故事,都是有机地和玩耍联系起来。晚上看星星给她讲天文故事,傍晚到郊外远眺"落日圆",就教她背诵古诗。由于我尽量多地挤出时间陪孩子玩,上街买菜,出门办事,凡是能带上孩子的情况,都会带上她,带着她玩的过程中,抢时间创造教与学的机会,抢先教给她学习一些算术、语文知识。我们采取的教学方式是:走到哪儿,学到哪儿,看见什么就教什么。所以我女儿小时候玩过的地方很多。哪里好玩,哪儿就常有我们爷儿俩个的身影,并

且玩到哪儿就在那儿教她点有关的知识。事实上，哪里最好玩，哪里就是最好的课堂，哪里玩得最开心，在哪里学习东西也就最快。

例如我带女儿到荷塘边观秋景，玩耍中教她背诵唐诗“竹坞无尘水槛清，相思迢递隔重城。秋阴不散霜飞晚，留得枯荷听雨声。”由于是身在诗意中，因而，对诗句也能理解一点。当时只对她说过两遍，日后她就能记住“秋阴不散霜飞晚，留得枯荷听雨声”的名句。

饭后茶余，我就用我自己专门编制的一套《扑克学算法》陪女儿打扑克，用打扑克的方法教女儿学习算术知识，训练运算速度和运算的准确性。在日常生活中，充分利用一些可以教学算数的机会，教她学习算术知识。就这样，我天天注意尽量多的和女儿玩一会儿，也就多抢出了一点教学时间。在女儿四岁时，我们把她送入幼儿园，按年龄编入了小班。可是去了几天，幼儿园的阿姨发现晨蕾不论是识字、还是算术都比大班的孩子们强得多。于是她们主动地让我女儿实现了学习道路上的第一次跳级：从小班直接跳到大班学习。

就这样，在玩耍中学习知识，在学习知识中获得乐趣。我女儿长到 6 岁上小学的时候，一般的整数四则运算，张口就答，速度快，准确率也比较高。叙述个事情简练明了，持笔姿势正确，字写的也比较规矩。学前的抢码学习，为她上学奠定了一个扎实的基础。

因而她在小学学习过程中轻松自如，成绩始终领先。上到小学五年级，没有再上六年级，就直接跳入省重点初中学习，很自然地完成了第二次跳级。跳级后在班内仍然保持领先地位，初中毕业会考时以全校最高成绩（比第二名高出 20 多分），被重点高中免试录取，同年参加中专考试中，每场都提前 10 ~30 分钟交卷，仍以全市最高分又被济南邮电学校录取。

说到这里，还有一段有趣的小故事，那是 1993 年她到济南邮电学校报到上学时，因为当时报到的人很多，非常拥挤，办理入学手续排不上号。邮电学校的一位素不相识的女教师一面端详着晨蕾那张娃娃脸，一边问：“你也是来上学的吗？”当得知她是 93 级新生，又一查看报到的底册发现晨蕾时年才 14 岁，惊讶之后，竟像对待自己的女儿一样，帮着办完了那一道道拥挤不堪的报到手续。这位女老师帮孩子办完了报名手续值得感谢，其实，更值得感谢的是她以行动表示了对学习好的孩子的爱，这种爱本身就是最好的奖赏与鼓励。她能使孩子更热爱学习。

到邮电学校上学后，她发现由于当时邮电学校

是最热门的学校，班上的同学们大多是各县、市的中考状元。这是她很看重的一点，在这里可以和这些强手一比高低，可以从他们身上学到许多东西。四年的中专学习中，由于基础扎实，加之继续努力，学习成绩依然保持领先，同时还有余力做好学校英语协会主席、学习委员等学生干部工作。此时她的第三轮抢码又悄悄开始了，在学习中专课程的同时，也学完了普通高中教材。中专毕业后首次参加南京邮电学院高函本科招生时，就以全省最高分被该校录取.开学后他们班上的同学统计了一下，杨晨蕾为全班年龄最小、成绩最高者。这“两最”一直保持到大学三年级她第三次跳级的时候。2000 年她又开始跳级了，南京邮电学院对跳级控制得很严，各科成绩必须都超过 85 分(100 分制)，学校才允许跳级。由于女儿是有准备的，所以，不仅获得了跳级资格，而且跳级后，在一年学两年课程的情况下，成绩依然名列前茅。2002 年提前一年完成大学学业，并以优异的成绩通过论文答辩，取得学士学位。女儿在工作很忙的情况下，能成功地跳级，并且没有影响正常工作。同年局内搞年度绩效考核，通过各项工作全面考评，晨蕾以全局各县市最高分的成绩通过考核，并获一等奖。我们很清楚，这次抢码的成功，她是有充分准备的，是自从考上南京邮电学院(函授)之后，就开始积蓄能量的又一次跳跃。

她能够游刃有余地完成那些忙碌的工作与繁重的学习,并非一时的努力所能奏效的,而是学习中的抢码,为她赢得了足够的时间,有计划地"抢码"使她取得了历次"抢码"的成功。

4."抢码"学习有益于树立自信心、培养好胜心

所谓"抢码"就是先于别人,抢先学习某些知识。然而,"抢码"的意义不仅在于抢先学习了一些知识,为继续学习赢得了时间,最重要的是通过"抢码"学习,树立了孩子的自信心,培养了好胜心,促成了学习过程中的良性循环。

个人的自信心,是相信自己能力的一种信念,这种信念是在体验到成功之后逐渐产生,并在连续体验成功之后逐步确立。例如在数学学习方面,上课时别人还没听懂的问题,他先听懂了;独立完成的作业题,老师画满了红色的对号。这些都会使人产生自信,多次类似的成功体验就可以坚定自己对于学习数学的自信心。

好胜心,可以在战胜困难以及战胜竞争对手之后逐渐产生,在多次优胜记录中逐步确立。

培养孩子学习方面的自信心与好胜心,可以通过有计划的抢先学习;科学指导他们的学习方法,以及不失时机地表扬、鼓励等方法,使其体验到成功与

胜利，逐渐产生并逐步确立这些信念。并教导孩子要自信，自强不息，不要自负。要好胜，同时又要谦虚，取得成功与超越时要牢记"虚心使人进步，骄傲使人落后。"

记得女儿刚入幼儿园时，别的孩子多数不愿意去，哭着闹着赖在家中缠着妈妈，晨蕾却总是高高兴兴地去，蹦蹦跳跳地回来，路上总爱滔滔不绝地告诉家长，诸如她今天学习又得了两朵小红花，张阿姨表扬她认字多，李阿姨表扬她算术算得快之类的开心事。当幼儿园老师主动地把她从小班调到大班后，女儿的识字以及算术水平仍处于领先地位，大班的老师常以晨蕾为榜样，鼓励大班的孩子努力学习。就是这些有意无意的表扬，使她喜欢去幼儿园，更喜欢学习了。也就是在因为学习好而获得的一片赞扬声中，她树立起了自信心。在与小伙伴儿们的学习竞赛中，不仅能胜过同龄的孩子们，还能超越比她大两岁的孩子，逐渐形成了一种好胜的心理。就是这种自信心与好胜心，支持她在十几年的学习生活中不断进步。对待各学科的各种竞赛、大小考试，她都信心十足。如果在学习的道路上有人超过了自己，她能虚心取人之长，并努力赶超，这种自信延续至今。女儿有一张照片记录了这种心态。那是在1993年中考的前几天，我为了减轻她参加考试时的思想负担，提了一个摄像机陪着她玩，偶尔谈及中专试题要比普通高中试题难度大一点儿的话题，我微笑着问她：“对于此次考试心理准备如何？”女儿轻松地一笑，伸出两个手指，组成一个“V”字形，我立即

杨晨蕾信心十足地准备中考

抢拍下这张照片，会意此时的晨蕾已有了充分的自信。果不其然，最后她以全市第一的成绩名列榜首。

在我多年的观察研究中，发现了学习成绩优秀的学生走向成功的公式：

抢先学习＋表扬＋勤奋＋学习方法⇒成绩优秀⇒自信心。

自信心＋好胜心＋表扬鼓励⇒超越。

或者说，学习成绩优秀的孩子走过的路，是这样一条良性循环的路程：

先于别人掌握知识——受到表扬——提高了学习积极性——进一步领先于人——受到更多的赞扬——有了自信心与好胜心—— 一步步走向成功。在这样地良性循环中，学习优秀的学生享受的是一种愉快的学习生活。他们把学习当成了乐趣，把攻克学习困难当成了一种兴趣，而乐此不疲。

曾经有个学生家长问过我："你说，那些学习好的学生是不是有些什么诀窍呀？"我给他讲解了上述公式后告诉他："这就是真正的诀窍。"他听后不以为然。

我明白了，他向我讨要的是不费气力就可以取得好成绩的诀窍，这样的诀窍我没有，别人也不可能有。如果说我有一张大学入学通知书，他可能会出万元购买。然而他错了，只有培养孩子有自信心、好胜心,又掌握了学习方法,真正学得知识,才是掌握了通向成功之门的钥匙。才有可能在学习及创业的道路上顺利地走向成功。

二、学前教育要抓住幼儿特点

学龄前的幼儿正处在长身体的时期,也是优良品行养成的关键时期。幼儿贪玩是正常现象,假若哪个孩子不贪玩了,那才不正常呢,很有可能是他身体健康状况欠佳了。幼儿时期又是他们长知识的时期,要利用他们固有的好奇心,诱导、转化为求知欲。在陪孩子玩要中,寓教于乐,引导他们学习,就是一门教子艺术。在教学时,要掌握好先易后难,循序渐进的原则。在调动孩子学习积极性方面,要掌握循循善诱的技巧。要科学地组织好幼儿的学习活动,除了要熟悉幼儿的心理特点之外,还应该深入研究算术、语文等知识的难易变化,掌握学前教育、教学的特点。在引导幼儿学习时,如果想让他们学习效率比较高,就要讲究点方法,讲究点艺术。

1. 寓教于乐,在玩中学

人人都喜欢自由,反对被强制。小孩子也一样。假如你主观上想为他人做一件好事,但是,采取了强加于人的方式,被强加者也会厌烦,甚至憎恶。学习知识,本来是件愉快的事,如果把它当作一项任务似的,强迫孩子去做,管制孩子限期完成,就把这件事搞得不愉快了,弄不好会造成孩子的厌学心理。

有个四岁男孩的妈妈告诉我,她是如何重视学

前教育的:每天都给孩子安排了作息时间表,可是孩子学习时坐不住,自己愁得不知怎么办,问我:"你看俺儿子是不是有那个病(多动症)啊?"因为来人常和我开点儿玩笑,我立即毫不客气地反驳她:"你才有那个病呢!"接下来我认真地批评了她的做法,并告诉她"变要他学,为他要学"的教子方法。

小孩子坐不住,这是很正常的事,孩子愿意做的事,他就会认真去做,他不愿做的事,怎么可能用心去做呢?学前教育不应该像对小学生那样,一本正经地坐下来教学,更不能在孩子没有兴趣时,强迫他学习,强迫容易产生逆反心理,不利于学习。

学前教育应把学习有机地与游戏相结合,一切开发孩子智力,培养孩子能力的教学活动都应该以孩子身心健康为前提。

小孩子有个共性,都喜欢大人陪他玩,尤其喜欢大人带他出去玩。如果把学知识和玩有机地结合起来,那才是正确的教学方式。一个会教育孩子的人,首先要善于跟孩子交流,会陪孩子玩,玩得越是开心,教与学越融洽、和谐,教学也越有成效。

小孩子爱听故事,通过讲故事陶冶情操,通过讲故事增长知识是个较好办法。讲完故事后要常和孩子议论故事中的人和事,鼓励孩子把故事再讲给别人听,这也是个学习词语,训练表达能力的方式。小

孩子爱看画书，通过和孩子一起看画书，绘声绘色地和孩子一起读故事，有选择地给孩子买《看图学说话》、《看图识字》、《看图学拼音》，让孩子在欣赏书上优美图片的同时学习知识。适时地和孩子一块赏玩，就是一个很好的学习过程。

小孩子爱看电视，大人应留心电视节目预告，有计划、有目的地安排孩子看电视，或是借助录相带、光盘或上网寻找适合孩子学习的内容，借以辅助孩子学习。通过这些方式，学习生活常识，学习文化知识，学习做人。这种形式，孩子喜欢，效果也好。如果家长陪着孩子一块看，看后能顺着孩子的心理，议论看过的内容，复述其中某些情节，更能提高教学效果，加强记忆。现在的家长，许多人嫌孩子看电视太多，玩电脑时间过长，而把电视、电脑启用密码锁，不让孩子开机。是的，电视看得太多，玩电脑时间太长，尤其是看得内容太杂乱，的确不利于孩子的学习，甚至影响视力。可是，不让看也不行，问题是如何有目的地看，有计划地看，通过看电视、看电影、玩电脑收到较好的教育效果，这就是家长应该动脑筋的地方了。只简单地控制看电视、玩电脑的时间，是不妥当的做法。我的女儿小时候看电视之后，我就常顺着儿童心理，和女儿议论电视中的故事情节。在议论中，又着重引导重复那些需要孩子记忆的内容,从而提高看电视的效果。先是诱导她复述故事,长大后又指导她写故事梗概,写小评论。事实上,凡是我们选择观看的电视片,都是优秀的文学作品,它既是人们喜闻乐见的故事,也是学习语言、词汇的好教材,写出故事梗概的过程,本身也是写作练笔的过程。这也为孩子日后的作文学习奠定了基础。

我女儿的同学罗玉爱看电视,看过后就把电视上看到的人物画下来,时间一长,俨然像一名小画家了,她画出的卡通人物和电视里的人物一模一样。

实际上电视、电脑,也是一个传播知识的媒体,是个知识的海洋。让孩子从中汲取哪个方面的知识,关键是看我们做家长的如何引导。

有比赛性质的体育活动,是儿童爱参加的活动,如果把识数教学和体育活动结合起来,就是一个较好的教学方式。比如说教孩子拍皮球,可以先做示范,一边拍一边数,“一个,二个……”拍几个后让孩子再拍,孩子也会模仿你,一边拍一边数,第一次拍一个就予以鼓励,如果拍几次后能拍两个,则应大加赞赏。于是他就越拍越带劲,越数会数的数也就越多。

再比如说,让两个孩子以小皮球比赛掷远,掷过后,分别步量掷远距离,一边测量,一边数数:“一步,两步……”最后公布比赛成绩,谁掷了三步远,谁掷

了四步远，并表扬掷得远的是冠军。如果孩子已经学会了识数，就可以带个米尺和孩子们一起用米尺测量掷远成绩，教孩子认识米尺，学习测量。

这一类的体育活动，不仅在比赛中学识数、学度量长度，还在锻炼身体的同时，培养了孩子的竞争意识与好胜心。

和几个刚会跑的孩子在一起玩时，我一本正经地，一边掰着五个手指头，一个一个地数。一边教给他们唱儿歌："一二三四五，上山看老虎，老虎不吃面，要吃大坏蛋。"说完儿歌就学着老虎的叫声，和孩子们追逐嬉戏，不一会他们就学会了儿歌，进一步又教会了他们数五个手指头。

又例如我利用几个小朋友在一起唱歌，说说笑笑，打打闹闹时，悄悄地教给孩子一首顺口溜："你唱的歌是我的，我从云南学来的，我在湖边打瞌睡，你从我口袋里偷去的。"因为是几个小孩一起相互逗乐，所以，不一会他们就都会说了。

类似地，穿插在游戏之中，我教女儿唱儿歌，写简单的汉字，教她用简练的语言叙述所见所闻。让她抢先学习了一些算术、语文知识。

2. 先易后难，循序渐进

在学前教育中，把知识学习与玩耍相融合，一边玩耍，一边教学。这种教学方式是随机应变的，孩子对什么感兴趣，就可以根据孩子的接受程度，深入浅出地教学有关知识。玩耍形式的巧妙安排与教学内容的循序渐进，也就是所谓学前教子的艺术性之一了。

常常见到这样的家长，在初教孩子识数时，左手伸出两个手指，右手伸出一个手指，问："这是几个?"孩子不答，便直接告诉孩子："记住，这是一个，这是两个，一共是三个。"孩子就鹦鹉学舌式的跟着说一遍。一会又伸出手指再问："这是一个，这是两个，一共几个?"此时孩子还不懂的"共"字的含义，所以回答是随意的，一会儿回答是三个，一会儿又说是两个。你要跟他着急，他就再也不跟你学了，逼得紧了就哇哇哭起来。这时有的家长非但不在自己教法上找原因，反而抱怨孩子："天生不是学习的材料，你看人家老李的孩子，比你还小一岁呢，都会数十个数啦，哼！没出息。"

再例如有个孩子的妈妈刚教会女儿数手指头："一、二、三、四、五。"还处在数滑句的状态，就当众考女儿："告诉阿姨们，你有几只手?"孩子低着头只顾玩，似乎无意回答，妈妈又说："你要是答对了，我给你买个大雪糕。"女儿才抬起头不假思索地回答："三只手。"令大家啼笑皆非。这个例子中的女孩并不笨，而是妈妈的教学方法违背了数学学习规律。在

孩子只会数滑句式地说一、二、三、四、五时，她还没有弄清数字与物体的对应规律，还不会用数字表达物体的多少。此时，就直接让她使用数字来表达手的只数，在教学上跳跃的太大，这样不仅教不会孩子，还容易打击孩子学算术的积极性。

又如有人在教孩子学习写字时，一开始就教孩子写自己的名字，例如有一个孩子姓倪，这个"倪"字就是成人写起来也感到难写，叫初学写字的幼儿写，就更不适宜了，不仅不利于教孩子持笔，也不利于教他逐步掌握汉字的笔顺。如果因为此字难写，而降低要求，当他画出"倪"字的大致模样就算对了，那就更麻烦了，这样会使孩子先入为主，甚至到了小学毕业之后，还不能正确地写自己的姓氏。

教孩子学习算术，应先从分辨物体的"多与少"入手，比如说将一把糖块放在孩子面前两块，放在自己面前三块，就教他辨认"多"与"少"，先耐心地指着这两堆糖分别说"多"、"少"，进一步教给他说这些糖块比那些糖块多(或少)。在生活中让他多接触一些物体的多与少的问题，经过反复多次认识，使他真正的会用多与少的概念来表达物体的多与少之后，再教他识数。识数教学也要由小到大逐步进行，尤其是学习数1——5个物体时，要有足够的耐心。在带孩子玩时，适时的教他数一些他感兴趣的物体。例如给孩子买棒棒糖，买5块，并当面和孩子认真地数一遍，数完后再和孩子分："你要两块，一块，两块。我要三块，一块，两块，三块。"此时要慢慢来，如果看孩子不懂，就可以再数一遍。领着孩子玩时，数一数公园门口的柱子，吃饭时数一数碗，赏花时数花盆，逐渐的孩子就学会了用数字表示物体的数量了。也就是感性认识多了，稍加引导，他就会上升为理性认识。当孩子学会数十个物体之后，就可以教他写这10个数字了，先和学习写汉字同步，教他写汉字数码"一、二、……十。"后教他写阿拉伯数码"1，2……10。"接下来就可以教他学习"增加"的概念，也是要先从具体物体入手，再到抽象物体，最后学习用加法算式表示物体的增加。

例如，在陪着孩子玩时，手中握一个小玻璃球，让孩子猜，手中有什么？展开手掌后告诉他，手中有一个球。然后再放进一个后，告诉他，手中又增加了一个球。一会又放进一个球，再教给他说又增加了一个球。用类似的活动，在玩耍中多使用几次"增加"这个词，渐渐的孩子就能准确地使用这个概念了。

以类似的方法教孩子学习"减少"这个概念。进一步运用"增加"这个概念教简单的加法；用"减少"这个概念教简单的减法。

值得注意的是,从学习识数到学习简单的加减法,是孩子学习数学的启蒙阶段,需要耐心地教,因为此时孩子从没有数字概念,到会用数字表示物体的数量,是一次很大的飞跃。人类完成这个认识阶段,是经过了若干代人的反复认识才逐步实现的。所以教孩子识数,必须由小到大,从具体到抽象,不厌其烦地一遍又一遍地教,反反复复地练。这期间,先是用实物教学,再借一些方便的教具教学,如双手十指,用纸板剪一些同样大小的板纸条,或制作一批一样的小木棒,都是比较实用的教学用具。专门为学习算术而编印的学算扑克,也是一种用途广而使用方便的算术教学用具(详见本书附录《扑克学算法》部分)。

经过一段识数教学之后,再参照小学算术教材的顺序,逐步教学加、减、乘、除等算术知识,教学中一定注意要循序渐进。

语文方面的启蒙教育,也应从易到难,从简单到复杂,先教读音,后教学写字。先认识汉字,再教拼音。这个阶段的教学也应是以玩为主,玩中有学,巧妙地把语文学习渗透到游戏之中,不求一天学多少知识,只是天天别忘了学一点,积少成多,就足够了。

教孩子认识一些物体的名称的同时,就可以在这些物体上贴上相应的汉字,先选择简单的字,贴在相应的物体上。例如带孩子坐滑梯,就在上滑梯的地方贴个“上”字,在滑下来的地方贴个“下”字,过一阶段,当孩子认识一些字后,再在滑梯上贴“滑梯”两字。带孩子游玩中,见到山,就画个山的模型,写个“山”字,拾块石头带回家在石头上贴上个“石”字,到农村去,见了牛、羊就教给他认,在回家后选择有牛、羊的画片分别写上汉字“牛、羊”,过一段时间再复习几遍,这些字就能认识了。也可以去书店选择一些看图识字的画片,结合孩子生活中能接触到的字,或有意识地找到识认这些字的机会,再拿出画片,教他读相关的字。这样在玩中学认字,用实物教学,以后见到实物就能想起相应的汉字,见到汉字也能联想到相应的实物,这样的教学能理解字义,所以记得也牢固。小孩子在游戏中认识了许多汉字,往往会受到在场成年人的夸奖,这种夸奖往往使孩子更喜欢学习识字。这也是孩子在游戏中获得的最大的乐趣与满足。

当孩子有了持笔写字的能力时,就应该适时地教他写字,也要先写简单的,后写复杂的,学写字有两点要严格要求,一是持笔姿势必须正确,二是笔顺先后要对头。这两点都是正确写字以及写好字的关键,否则,不良习惯一旦养成,再纠正就比较困难了。小强入学前就会写许多汉字了,但是许多字的笔顺

都不对。比方他写“国”字，总是先写个玉字，再画一个框，看着也像个“国”字，实际上是个错字。街坊有个孩子叫张雨，入学前，妈妈教他学习了一些不太准确的拼音，上学后在语文课上，张雨说自己会拼音，老师叫他上黑板拼写自己的名字，他在黑板上写下的拼音是“zhá yú”，老师拼了半天觉得不对劲，有一个也学过拼音的孩子站起来大声拼读“炸鱼”。有个认识张雨的小孩马上纠正说：“人家叫张雨”，弄得老师也啼笑皆非。全班哄堂大笑，张雨也因此得了一个“炸鱼”的绰号。

教学拼音时，发音必须正确，否则上学时老师纠正起来很困难。如果想教孩子学习拼音，又不会正确的发音，那就应该先找一盘录音带，或先请教老师，再有计划地教孩子学习拼音。总之，只要教拼音，就应该教正确发音以及正确地写出拼音字母。

学习算术、识字及拼音，都要视孩子的接受能力，确定学习速度。不能在所学知识还没有掌握之前就又教他新的内容，学前教育一定是在以玩为主，在身心健康第一的前提下，适当地学，适时地教，循序渐进，循循善诱，逐步地教学，稳步地提高。

3. 方法灵活，循循善诱

为了培养孩子的动手能力，培养他们的创造能力，训练他们的空间想像力，引导他们玩智力玩具是个好方法。比如排积木,玩可以拆装的小汽车,折纸、剪纸,玩和数学学习有关的七巧板等。先教给他们如何玩,再引导着他们比赛。

例如玩七巧板,可以先选一块硬纸板,仿照下图样式,裁制一幅七巧板,在制作的过程中应该多让孩子动手、动脑,认识七巧板中各小板的边长之间的关系,引导他们排出长方形、正方形……再进一步引导他们排出如下图所示的图案。并由此启发他们动手、动脑,通过想像、构思、创新,摆出新样式的图案来。借此,让孩子了解复杂图形是由简单图形组合而成的。为学习几何知识时,把复杂图形分解为简单图形来研究的数学思想奠定基础(七巧板的制作图如下,在硬纸板上,先仿照下图画好线,沿虚线裁下来即可)。

引导孩子学习的方法很多,主要是在生活中、在带孩子游玩中,要懂得孩子的心理,按照教学规律和谐地教,顺着儿童心理适时地帮他巩固。这也是教学的艺术性之一。带孩子去他喜欢玩的地方玩,置身于情境之中,触景生情地教他学习某些知识,是一种较好的教学方式。比如带孩子看画展,归来后教画画,他会很专心;去看运动会,回来后组织小朋友们体育比赛,他们会积极参加;听音乐会归来教孩子演奏乐器;看歌舞晚会归来教他唱歌、跳舞,孩子都

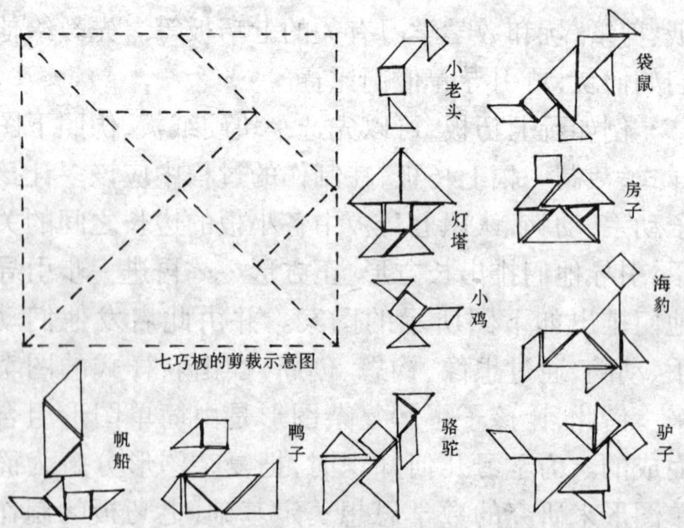

七巧板的剪裁示意图

会专心地听，认真地学。这里的艺术性在于尽量多的为孩子提供展才的机会，并且分析孩子的天资与潜在能力，观察孩子的兴趣与爱好，对孩子未来的发展做到心中有数。置身于情境之中，触景生情的教学方式，不仅适用于音、体、美等方面的教学，也适用于一般的语文教学、算术教学，甚至思想品德的培养。

有个叫邱风的男孩，他妈妈告诉我说："这孩子不爱学习，一说教他识字，他就连声拒绝，并且一溜烟地逃掉。"要我帮她教育邱风。实际上这样的孩子很多，他们不爱学习，就像惧怕打预防针的幼儿一样，见了穿白大褂的就害怕。因为针扎屁股一定痛。至于为了治病的道理，却只有长大后才知道。所以，对于打针，多数儿童都害怕。而高明的大夫发明了糖衣药片，把吃药变成了吃糖，这样的吃药治病就变得比较顺利了。和治病一样，如何让不爱学习的孩子爱学习，就要讲究点教学的方法了。邱风爱玩，我就抽空带他去放风筝，教给他风筝会飞的道理，并认识了“风筝”两个字；带他到野地里去玩，放火烧路边的野草，他在高兴地欢呼雀跃的同时，学会了写“火”字。来年春天，我又带他回到冬季曾经放野火的地方踏春，看到了绿茵茵的小草，生机勃勃，覆盖了灰烬，我就教他背古诗“离离原上草，一岁一枯荣，野火烧不尽，春风吹又生”。他记得很快，也愿意学了。

我曾在夏日一个风和日丽的清晨，带邱风到荷塘边，观赏荷花，一边赏玩，一边教他背宋诗：“毕竟西湖六月中，风光不与四时同。接天莲叶无穷碧，映日荷花别样红。”因为面对实景，情景交融，所以孩子理解得透，记忆得也快，并且记忆牢固。这样，邱风会写许多字了，会背几首诗了，他妈高兴地夸他，邻居也表扬他。邱风在学习中获得荣誉，得到家长的赏识，从此爱学习了，经常主动要求：“妈妈再教我写个字吧。”

如果你带孩子去旅游，游玩的地方有草原，有古

道，在游玩之中，就可以先教《送别》的歌词：“长亭外，古道边，芳草碧连天。晚风拂柳笛声残，夕阳山外山。天之涯，地之角，知交半零落。一壶浊酒尽余欢，今霄别梦寒。”后教唱曲。如若你可以演奏某种乐器，譬如口琴、笛、箫之类，游玩中演奏一曲《送别》会使游兴大增，如果再把诗意加以适当的解释，这就是一堂生动的语文课了。这样的授课一般能让他终生不忘。

有计划地带孩子到农村看农民种田，让他体会“粒粒皆辛苦”的道理；到建筑工地参观，让他了解“高楼万丈平地起”的事实。长知识的同时，还可以为他示范口头小作文。比方我带女儿参观大楼的建筑工地后，曾一边观看，一边说：“新建的大楼高耸入云，可是它高不过建筑工人，是他们一块砖蘸着一滴汗，日夜劳作，年复一年建设了这座美丽的城市，他们站得总是比楼高，看得更远。”这样的口头作文带领孩子作得多了，他的写作就有了基础。

算术教学也可以融入生活情境之中。在女儿学习分数一章时，我曾借三个人要吃两个一般大的苹果为契机，引导女儿一起动手动脑，思考如何使分配更加公平。最后找到了把两个苹果都平均分成三等份，每人取二份的办法。在这一过程中，启发引导她找出分配方法，并教她用准确的数学语言表达这个分配方案。在这个分苹果吃的过程中,引导孩子懂得了三分之一的概念,知道了两个三分之一的和就是三分之二的意义。当她分完苹果后,因为自己想出了方法,分得巧妙,解决了一个难题而很兴奋,吃起苹果来也觉得很香甜。吃晚饭时,家中来了一位客人,共有四人用餐。我有意识地买回来三张鸡蛋饼,让女儿动手去切饼块,并提出问题:把每张饼切成几块,才便于把这三张饼平均分成四等份?通过引导她先用剪纸作试验,她找到了解决办法,女儿决定把每张饼分成四块,每人分三块。不一会女儿微笑着把四份饼块分别装入四个瓷盘端上餐桌,得到了客人的称赞,女儿也很高兴。如此循循善诱地教孩子学习知识,比一般课堂教学效果好,印象也深刻。

因为算术知识,原本就是起源于生活与生产的需要而发生发展的,所以在孩子们的游戏中,自然就有许多算术问题需要解决。如果能有意识地安排孩子的游戏,循循善诱地教,循序渐进地学,陪孩子玩的过程自然就是个学习算术的过程。例如在玩跳绳时教孩子数数,玩学习算术的扑克游戏时教孩子速算方法等等,为解决游戏中遇到的问题孩子愿意学,在娱乐中学,让娱乐活动更有意义。

在孩子爱参加的活动中诱导他学习,他会变得

很主动。在没有压力的情况下学习，学多少也不觉得疲倦。如果在教学时，适当适时地表扬、鼓励孩子学习，教学效果会更好。但是要取得较好的教学效果，执教者必须先备好课，只有准备得比较充分，才能讲得自如、使孩子听得开心，教学也显得自然。

4. 循循善诱不是物质引诱

教子要循循善诱，循循善诱不能搞物质引诱。有人教子无方，只会用“我给你买好吃的”、“买玩具”，甚至发奖金之类的方法，引诱孩子学习；求着孩子学习，给孩子造成一种为家长而学的错误思想。那样培养的孩子学习目的不明确，学习中不能吃苦，遇到困难就想退却，甚至还会用“我不去上学了”来要挟家长。

2003级有个新生叫祝娜娜，其父母原来都在一家工厂上班，做行政管理工作，习惯于用发奖金的方法调动积极性。祝娜娜自从上小学开始，就是靠物质引诱去学校的。上小学的几年之中，她只要拐弯抹角地能找到与学习相关的理由，家长就会满足她提出的物质要求。书包要最贵的，鞋子要穿名牌。小学时学习成绩还说得过去，但是没有培养出一个良好的学习习惯。

祝娜娜上了初中之后，课程越来越多，尤其学到初中三年级，学习任务越来越重，她有点承受不住了,开始打退堂鼓。其父母又是给她买名牌牛仔服,又是给她买新样式的自行车,好说歹说,总算又把她哄着去了学校。

中考时,祝娜娜的成绩离录取分数线差100多分,要上高中须交一笔数额不小的培养费。此时,祝娜娜的父母都已失业,家庭经济拮据。其父母东挪西借,勉强凑齐了培养费,给祝娜娜报上了名。然而她却说什么也"不愿意去上学了",任凭家长如何劝说,也无动于衷。祝娜娜的妈妈是个无能的教育者,居然无奈地跪在了女儿面前,涕泪横流,一边自己打自己的脸,一边骂自己命运不济。祝娜娜竟然木讷地站在那里,一言不发。

最后还是其父答应了她去青岛旅游的要求,祝娜娜才答应回来后就好好上学。学习目的不明确的她,哪里体谅父母借钱让她去旅游的苦心,旅游回来后,只上了几天学,就嫌学习太累,畏惧高中课程难学,又开始旷课了。

物质引诱不是正确的教子方法,教育孩子要循循善诱,也就是说,在学习知识的问题上,要有计划、有步骤地引导孩子,按照科学规律学习。善于顺应孩子的心理,有机地组织学知识。在学习知识的同时,也应该有计划、有步骤地教导孩子树立起一个明确的学习目的,以及有计划、有步骤地培养他们热爱

学习的思想，养成良好的学习习惯。鼓励他们好好学习，天天向上。

三、教子要多表扬少批评

我相信,世界上如果没有了镜子,世人洗脸的次数会减少一半。“表扬”是一面镜子,照见了你荣耀的一面,你会进一步把它修饰的更加光彩。“批评”也是一面镜子,帮你发现脸上的污垢,促进你洗手洗脸,让你容颜换发。

在教育子女的活动中,利用表扬孩子的优点,对孩子的能力表示信任,能帮助孩子树立自信心。抓住孩子的点滴进步及时表扬,可以使孩子进步得更快一点。适当地批评,则可以促进他们改正缺点,艺术地利用表扬与批评手段可以做到扬长避短,让孩子的行为更趋于完善。

1. 抓住点滴进步,适时进行表扬,调动学习积极性

美国作家詹姆士有句名言:“人性中最本质的愿望,就是希望得到赞赏。”其实,人们有个共性,都愿意受表扬,不喜欢挨批评。在教育子女中,如果你表扬了孩子在某个方面的优秀表现,就等于在这一方面为孩子加了油、鼓了劲。孩子在这个方面会发展得更快。有个家长说:“俺那儿子浑身都是缺点,他没有优点,你表扬他点嘛呀。”我当即反驳了他的说法。实际上,只要不是对孩子要求过高,就能发现孩

子天天都在进步,时时都有值得表扬之处。千万不要小看孩子的那一点微小的进步,那是孩子努力学习的结果,是向正方向前进的苗头(尤其是后进一点儿的孩子),很值得表扬。所以家长应适时的、诚恳地表扬孩子的那一点一滴的进步,借以鼓励他继续努力。

小琳琳的奶奶告诉我:“琳琳不爱学算术,做算术题可慢了,还常出错,这可怎么办啊?”我抽出时间,专门陪琳琳玩,陪她玩学算扑克。琳琳一听说要玩学习算术的扑克,就表现不积极。在每人出一张牌,对于牌上的数字作加法时,她用了好几分钟才算出 7 + 8 = 15 的问题,的确很慢。我们接着出牌,当各自出牌分别为 3 和 2,对计算 3 + 2 = 5 的问题,琳琳还是用了大约十几秒。我不急不抢,待她算完说出答案之时,我也随后抢着说:3 + 2 = 5,让琳琳取胜。对于琳琳计算认真,学习踏实,我很欣赏地夸奖了一番。因为赢了两张牌,她有了点儿兴趣,学习精力也集中了一些。在继续和我玩扑克的过程中,算错的时候我就帮她改正,算对了我就为她喝彩。就这样一边比赛一边教她速算,最后琳琳终于赢了。她很兴奋,我又当众表扬了她:“学习进步特快。”于是她主动要求再和我打一把学算扑克。没用多长时间,琳琳做算术题的速度和正确率就有了显著的提高。琳琳的奶奶这才知道孩子不是天生的慢，而是教法不对，训练不够。

表扬让人兴奋，感到光荣，为了再次得到表扬，人们会继续努力，只要努力去做，事情就会做得更好。所以每次恰当地表扬，都会收到促其进步的效果，甚至某次重要的表扬，能成为一个人一生中的转折点。

我有个学生叫桂林，初中一年级时，成绩平平，在一次数学课上，他动脑钻研一道平面几何习题，找出了一种简捷的解法。我在课堂上表扬了他，鼓励他继续努力，课后我又利用业余时间教他学习方法，并且表示相信他："将来一定能成才"。我注意到从此他对数学越来越感兴趣。以致于经常到我的办公室主动地要数学题做，学习数学的积极性明显地提高了，成绩上升得也挺快。后来我又鼓励他用攻克数学的精神对待各科学习，作到全面发展。同时告诉其他学科的老师要多表扬桂林的这种勤奋好学、积极向上的精神，多帮助他，结果他的各科成绩，陆续地都有了明显的提高。中学毕业后他考上了山东师范大学数学系，现已成为数学系的一名副教授了。

就我自己也有类似的亲身体会。我上小学时，不太爱学习，没什么学习上的强项，记得有一次我仿写了《作文选》上的一篇作文，质量自然就好一些。

老师可能知道是仿写的,但并不点破,而是大力表扬了一番。我从此一改平常不愿意写作文的心态,对于写作文格外认真起来。后来还真的写出了值得老师在课堂上读的作文。时至今日,我学数学、教数学已经三十多年了,还时不时地有兴趣写篇小稿件,以此为乐。

及时抓住孩子的点滴进步,善于发现孩子的闪光点(有时需要戴上放大镜,仔细寻找),恰当地进行表扬,就可调动孩子学习的积极性,促进孩子进步得更快一些。

2. 用表扬与信任的方法帮助后进生树立自信心

许多人在干某项事业之前,总有个迷惘、彷徨期。在这期间自己往往不能正确地估价自己的实力,对于能否胜任该项事业,心中往往没底。此时最需要别人的信任与鼓励。你的信任与鼓励,可以使他在完成该项事业时有足够的自信。否则,即便是实力充盈的人,也有打退堂鼓的可能性。孩子们在求学的路上更是如此,他们在学习上常常遇到困难;在生活中常常遇到挫折。在他们遇到困难或者挫折时,如果得不到家长或老师的帮助,则可能像只断了线的风筝,随风飘摇。此时的孩子需要正确引导,需要鼓励,更需要你的信任和支持。

我有个学生叫王双月,学习一塌糊涂。课本内页崭新如初，像是不曾有人翻读似的，但书皮早已不翼而飞。作业本上画了一些摔跤的小人儿，铅笔断了铅，圆珠笔里没有笔芯。个头不大，但敢于和比他个子高的人打架。其父是某公司经理，为人直爽，有一次听人说王双月在学校里又打架了，主动来学校，见了我就直言："杨老师，俺没脸来见老师，俺双月太不争气，上小学时我就常被老师传唤。这次是不请自到。老师啊，看来这孩子没出息到底了，考学是没指望了。老师呀，你打也行，骂也行，只要能帮俺教育他不惹是生非，俺就感激不尽了。"我当即表示不同意他的看法，告诉他十几岁的孩子可塑性很强。

从此我开始特别注意王双月，注意到这孩子爱打仗的原因，主要是争强好胜，并不流气。学习差，主要是自信心不足。他认为自己从小学学习成绩就差，现在再想赶上去是不可能的事，每天趴在桌子上人在心不在。偶尔有老师提问他问题，班内同学都知道他不会，往往会发出轻蔑的笑声。为转变他的学习态度，我开始给他个别辅导，先给他讲课本中最基本的内容，他听懂了，我就表扬，并告诉他："学会这些知识，不是很容易的吗？"第二天上课，我就提问他。他第一次在课堂上答对了问题，受到老师的当众称赞，同学们也向他投来了赞许的目光，渐渐地他对学习有了点信心。学习也开始努力了，考试时他

成绩果然有点提高,我又适当地给他把卷子批得松了点,使他的成绩有了显著地提高。这次在班内得了进步奖。在家也受到了前所未有的表扬。我认真地对他说:"王双月,你能行,一定能行,只要照这样干下去,很快就能赶上来。只要坚持努力下去,别说考高中,考大学也没问题!"后来又经过一段时间的帮助,在帮助他复习旧课程的同时,也为他讲一些后来者居上的成功实例,王双月的学习成绩逐步有了提高。于是,他对学好文化课有了信心。这时我逐步地指出他的某些不足,指导他应该如何努力克服缺点,继续提高,并改写了一首"行字歌"送给王双月。

我自信　我成功

相信自己行,才是我能行。
别人说我行,努力才能行。
你在这点行,我在那点行。
今天若不行,明日还能行。
能正视不行,才有可能行。
不但自己行,帮助别人行。
相互支持行,协手大家行。
争取全面行,创新才算行。

经过一年多的努力,王双月的学习逐渐步入正轨,学习成绩也慢慢地进入了中游。学习成绩迅速地提高使王双月有了自信心，表扬与鼓励确立了他的自信心。王双月更加努力了，他过去拉下了许多功课，我为他补课。帮他纠正学习方法。他的学习成绩提高很快。初中毕业后，他考上了重点高中，高中毕业后他又以优良成绩考上了大学。前年春节，大学毕业的王双月西服革履的来我家拜年，言谢不绝。当初我鼓励他的话，至今没有忘记。我明白了他的来意，他是来告诉我："我能行，我真的能行！"

及时表扬孩子的优点，可以调动学习积极性，适当的鼓励可以促进孩子进步，在关键时刻对孩子表示信任，坚信他一定能够成才，做得得体，说得诚实可信，效果就比较理想。

3. 用表扬与赏识的方法促进孩子进步

人们都有自我表现欲，更喜欢得到别人的赏识。为此运动员刻苦练体力、练技术、练意志。演员用十余年的功夫磨练表演艺术。尤其是书法、美术作者，倾心研究一生一世，不过是为了表达出自己的审美理想，获得世人的认可，得到人们的赏识与赞扬。

在教育子女的问题上，要从正面欣赏孩子的优良表现，赏识孩子的真、善、美，表扬孩子的进步（那怕是一点小小的进步），鼓励孩子继续努力；在关键时刻表示信任孩子一定能成才，做得得体，说得诚实可信，就是教育子女的一种艺术。

于静在初中二年级时,各科成绩欠佳,班主任老师觉得她升高中也无望,说:"我对这孩子的智商有点不放心。"这话被于静听出了话外音,对她打击很大。她也认为自己就是笨,对学习文化课失去了信心。于静的妈妈把她领到我家时,我也发现她见了老师就有些发怵,谈话中怯懦地问"我能学好数学吗?"我没有正面回答,继续听于静的妈说于静小学学习如何,从小如何学习钢琴,述说中贬多褒少。但我从中听到了她的一些长处,利用这些长处,帮助分析了她的实力,明确指出:"根据你现在的基础和个人天资,只要努力学,考上高中没问题!"静静这时有点半信半疑,但是她开始愿意和我交谈了,两天后我到她家去,很认真地说:"听说你的钢琴弹得好,为我弹一支曲子可以吗?"静静很认真地演奏了一曲《献给爱丽丝》,我听得很认真。听到精妙处,我鼓掌表示称赞,并跟着乐曲哼唱。演奏完毕,我称赞她乐谱、节拍掌握得十分准确,有超凡的记忆力,称赞她弹奏中轻重缓急,抑扬顿挫,掌握得恰到好处,对乐曲的内在情感理解得透彻。接着很兴奋地对她说:"就凭你的记忆力,理解问题的能力,只要肯努力学习文化课,别说考重点高中,就是考大学,也没问题!"她听了这些话很高兴。从此开始,于静对于学习文化课有了信心,也愿意来我这里接受辅导功课了。对于她,我仍然采取耐心辅导,不断地表扬鼓励的办法,对她的哪怕是一点一滴的进步,我都予以称赞,鼓励她继续努力。于静在我这里得到了赏识与信任,她对自己的前途有了信心。经过一年多的努力,在中考时顺利地考入了省重点高中。从此她树立了自信心,又经过三年努力,高中毕业后,考入了山东师范大学艺术系。赏识与信任,调动了于静的潜能,表扬与鼓励,促使她一步又一步地提高。

曾和我住邻居的一个男孩名叫幼杰,毕业于山东艺术学院,现供职于电影制片厂。其实他家并无人善长绘画,只是幼杰的爸爸在幼杰小时候画的一些画中,选出比较好的在家中搞过几次画展,来客见了,因为是孩子的作品,都喜欢赞扬两句。有人说这画画得挺有意思,有人说这孩子长大能成为画家。说得幼杰心里美滋滋的。这就使幼杰喜欢上了画画,并且主动拿了自己的画去叫美术老师看,该美术老师也很懂得用表扬与鼓励的方法教育孩子,一面夸奖幼杰画得好,一边教他如何执笔,如何作画,并帮助他修改那些小作品。后来竟越画越有水平了。可见欣赏与赏识的作用是很大的。

记得我女儿第一次会正确地数十个手指头,是在公园中玩耍时。女儿坐在凉亭内的地上,掰着小手指头,从一缓慢地数到十,我在一旁看着她。她那

天真可爱的动作被过路的两位女士看到后，边走边夸奖："这孩子真好玩，这么小就会数十个数了。"女儿听了，露出得意的表情，并当即把自己的小手指又数了两遍。此后，女儿数手指头就没再出过错。

那年，有人来我家求我办事，谈话间听到女儿在一旁背儿歌："一只青蛙一张嘴，两只眼睛，四条腿，扑通一声跳下水。两只青蛙两张嘴，四只眼睛八条腿，扑通，扑通跳下水。"客人有恭惟之意，对着女儿又是鼓掌，又是称赞，说女儿背得好。这些半真半假的表扬，对女儿来说作用可不小。此后，她很快就能从一只青蛙说到五只青蛙了。

欣赏与赏识教育，对青少年教育的作用是明显的。是单纯说教和物质利诱所不可比拟的。在教育中恰当地运用它，就能收到良好的效果。

欣赏孩子的良好表演，赏识他的作品、他的良好行为(哪怕是并不太出色)，在关键时刻对他表示信任(哪怕是别人都瞧不起你的孩子，你也一定认真地肯定孩子的成绩，信任孩子的能力)，鼓励他努力进取，坚定地告诉他："你行，你一定能行！"这是孩子成长过程中的精神需求，也是促进他努力前进比较见效的方法之一。

欣赏与赏识应当找到其值得称道的，而且是前进方向上的闪光点，否则，就有可能引偏了方向。信任则是孩子前进中的定心丸，冲刺某个高峰时的兴奋剂。表扬要恰当、适时，恰当地肯定孩子的进步，适时地调动积极性。表扬要真诚，切忌虚假，太虚了就使你的表扬贬值，而失去其应有的作用。

4. 批评要恳切，要以理服人，不要训斥

灵活、适时、恰当地运用表扬、欣赏、赏识、信任的方式教育孩子的同时，还应该能够客观地批评孩子的缺点，正确的批评应该是适时的和说理式的，不能简单从事。讲事实要准确，批评人时摆道理要充分，更要注意选择孩子能够接受的时机，考虑到他的接受程度。不是你想批评就批评，而是在适宜批评时才批评。批评要逐步进行，讲道理要有耐心，你认为错误的事情，要让孩子认识到错误，需要有个认识过程。你以为正确的道路，要让孩子也知道是正确的，应该给他一个转变思想的时间。要首先站在被批评者的角度，思考一下问题的症结。设身处地地帮助他分析是非曲直，当被批评者体会到你是真正地关心他、爱护他时，你的批评才可能发挥作用。

1979 年我教过一个名字叫火生的男孩子，很有个性。记得当时他在班里的表现，只是不爱学习，并不大违犯纪律，有时趁我注意不到，有迟到、早退现象，经过了解才知道，他已经结交了一些在社会上游荡的小朋友，常常在外滋事。我先是接近他，了解他

的心理状况。在学校里，关心他的学习，晚上到他家去玩，当着他家长的面和火生谈现在，谈未来，指出他是个“很有培养前途的孩子”。并且实事求是地分析他的某些不良行为的害处。火生的爸爸提醒他：“老师这么关心你，你应该给老师写份保证书”。我马上表示：“火生是个比较理智的人，不用写什么保证书，我相信他会做得很好的。”又经过多次诚恳地批评，平等地交流，以理服人，以真情感化，交流各自对问题的看法，对人生的理解。对他的缺点，我帮他分析危害，教他克服的方法。火生逐渐地疏远了在社会游荡的那些人，我们逐渐地成了朋友，有事他愿意与我商量。他做得好，我就表杨他，并抽空帮他补习功课。经过一段时间的努力，他的学习成绩有了显著的提高，这令他增强了赶上去的自信心。后来，他居然创造了奇迹，通过一年多的努力，最后考上了重点高中，成为全校的后进变先进的典型。在全校大会上受到表扬，从此火生学习更认真了。现在他已是本市小有名气的大律师。前不久，在一次同学聚会时，他紧紧握住我的手说：“杨老师，我和我父亲都没忘记你，若不是当年你挽救了我，就不会有我的今天！我要跟当年那些人混下去，可能也在前几年的‘严打’中就被抓进去了。我真的从心里感谢你呀！”

常言道,饭菜是隔锅的香,孩子是自己的好。在后者盲目自信的前提下,多数人对孩子期望值过高。正是这个过高的期望值,使现实生活中许多家长对孩子的批评多表扬少。对孩子的期望值过高时,往往不容许孩子犯错误,做错事。一旦事情做得不好,或比他人逊色了点。家长往往在恨铁不成钢的动机下,对孩子提出严厉的批评。甚至有时会越批评越上火,先是斥责孩子不成器,之后就可能给孩子胡乱下结论:“将来只能扫大街、掏厕所。”更有甚者还要动手打孩子。像这样的批评与其说是在教育孩子,不如说是在摧残孩子,如果经常这样做,就可能泯灭孩子的自尊心与上进心,让孩子觉得自己反正也没有什么好前途了,而自暴自弃。在对孩子期望值过高的前提下,家长往往看不到孩子的进步,或是看到了一点进步也觉得微不足道,不会利用表扬去扬长避短,这是教育子女中的一个误区。

世界上只有两种人不犯错误,一种是死了的人,一种是还没出生的人。至于小孩子办错事,应该认为是正常的。要求他们不犯错误,那才不正常呢。问题在于如何正视他们的错误,准确地指出他们所犯错误的危害,帮助他们改正错误。

批评教育孩子改正错误,首先要站对位置,要站在关心爱护孩子的角度说话。如果站在其对立面想

问题，就会越想越气，批评教育往往就会变成训斥。被批评者往往不愿接受训斥，就有可能强词夺理，产生顶牛现象。这样的批评教育容易演变为以强制性的体罚而告终。这不是好的教育方式，也解决不了实质问题。只有诚心诚意地为被批评者着想，满腔热情地帮助其分析错误的危害，才有可能达到批评教育的目的。

2003年3月二十五班有个男生不服从班主任调座位，班主任当众训斥他，他就在课堂上和老师顶撞。年级主任听到争吵声走过去批评他："不应该顶撞老师"，他也不服。双方各执一词，从教室里争吵到教学楼的走廊上，影响的邻近两个班也无法上课。鉴于这种情况，我客气地把该生请到了我的办公室，进屋后，他仍然气呼呼的，让他坐下，他也不坐，一个劲地吹大气。为了缓一缓他的气头儿，我先忙我手头的工作，暂不与他理论。

待我忙完了手头上的工作，他的火气也消了一些。我叹了一口气，站在他的角度冷冷地对他说，你既顶撞了班主任，又顶撞了年级主任，还影响了两个班的正常上课，你想再回班上课恐怕困难了。他听了这话一愣神，才意识到问题已发展到老师有可能不要他的地步了。他将信将疑地看着我，我则站到他的角度问他："你可能有些怨气，你把你的理由给我说一下好吗?”这样一问,气氛缓和了,他开始诉说:“俺在那个座位上挺好的,他为什么把俺调到后边去? 不就是看我学习差吗? 这是一种歧视!”我则试着提醒他:“是不是你周围有人上课时爱和你说话呀?”他低下了头。我料定是说到了他的缺点上了。他却辩白:“调到后头去,俺看不清黑板,俺是近视眼。”

“你的眼近视,对班主任说过吗?”

“没。”

“既没给老师说过,你又不戴眼镜,老师怎么知道你近视?”

通过慢慢地交谈,他认识到争吵是由于自己急躁所引起的。我又帮他分析:顶撞老师是不对的,影响班级正常上课,是个大错误。站在他的立场上我告诉他,怎样才能把这件事处理好,通过这件事,应该接受哪些教训。我也根据他的实际情况,承诺将为他再调整位子。和气的谈话,平等的交流,沟通了我们之间的思想,谈话中该生认识到自己遇事爱急躁的毛病。他回班后主动向班主任承认了错误,并规规矩矩地坐在暂时调动的座位上。直至毕业,该生没再发生顶撞老师的事情。

5. 批评要讲究方式,讲究点艺术性

批评教育要讲究点艺术,讲究点方式方法,所讲

的道理要考虑到被批评者的接受能力。

做孩子的思想工作，就像炒菜一样，对爱吃咸的你给他多放点盐，对爱吃酸的你为他多加点醋，饭菜如果可口，岂有不爱吃之理？批评就像做菜一样要讲究点儿艺术性，一要忌讳直白浅露的唠叨，二要忌讳以训斥代替教育。去年我任教的年级，有个男孩叫李力。李力学习不太努力，而且偏科，喜欢读古诗词，学什么、不学什么全凭个人兴趣。

根据李力的特点，我找他聊天时送给他两首唐诗，一首是孟郊的《登科后》："昔日龌龊不足夸，今朝放荡思无涯。春风得意马蹄疾，一日看尽长安花。"此诗写出了诗人金榜题名之后，喜悦与意气风发的心境。另一首是诗人张继落榜之后，漂泊到了姑苏城，预感世路艰辛，夜半难眠，夜色触动愁情而写下的，诗人羁旅他乡的哀愁——《枫桥夜泊》："月落乌啼霜满天，江枫渔火对愁眠，姑苏城外寒山寺，夜半钟声到客船"。

我们闲聊式的谈话，谈得还算投机，闲谈中，我给他讲了一些"少壮不努力，老大徒伤悲"的实例。给他分析了学习偏科的危害，指出偏科将影响升学，若不能进入高等学府，就是你爱学的学科以后也只能是自学了。临分手时我布置他一个作业，要求他从每首诗中划出四个字，概括全诗。两天后他主动来交作业。对于孟郊的《登科后》他划出了“春风得意”四个字。对于张继的《枫桥夜泊》他划出了“夜半钟声”四个字。我问他:“一般的寺院都是晨钟暮鼓,你知道这寒山寺为什么半夜鸣钟?”接着告诉他:“这是当年该寺院的主持诗僧寒山别出心裁安排的,叫做‘惊世钟’”。谈到这里我注意到李力似有所悟,我也就不再多说,他则默默地离开了。

第二天,李力在日记中写道,“昨晚我久久难以入睡,睡后做了一个梦,梦见我高考落镑了,夜里怎么也睡不着,就听到远处传来一声声钟鸣,呀!那是寒山寺的“惊世钟”,它怎么传了这么远?一声比一声高,震得我心口一下又一下地隐隐作痛。我被惊醒了。醒后才知道那是学校南面电信大楼上的钟鸣。但是心脏仍然扑腾、扑腾地跳得厉害。这时我想的第一件事,不是早餐到哪里去吃,也不是体育课上要赛足球,而是很自觉地打开了平日里不太爱看的英语课本,自觉地开始了晨读。”

李力和我成了好朋友,他经常愿意找我谈古论今,一同欣赏唐诗宋词。元旦时他送我一本挂历,我则还赠他一本日历,他起初推辞,当他看到日历封面上还有一段我写的文字时便欣然接受了。我在日历封面写下了这样一段话:“青春是一本日历,当你撕下最后一页时,蓦然回首,回望那一串印着大小脚印

的来路，给你留下的不论是悔恨，还是欣慰，它都将离你而去，永不回头。”

此后的李力，老师们都反映他知道用功了，学习理科也不再敷衍了，高三毕业后顺利地考入了本科大学。我想在他拿到录取通知书的那一刻，才会真正体会到了“春风得意”的诗意。

批评者与被批评者，从哲学上讲是矛盾的两个对立面，批评人若以教育者自居，使用训斥的口气说话，被批评者有时会公开反驳，有时是消极对抗。都得不到满意的教育效果。那是因为训斥的口气激化了对立情绪。

如果教育者，能够平心静气地站在朋友的角度，使用比较幽默的语言说话，或做出一个可笑的动作、一个风趣的表情，有时可以起到缓和气氛的作用。气氛缓和了，教育者所讲的道理才容易被接受。

年前，音乐班有个男生，上课期间和老师发生了争执。原因是上语文课时他偷看漫画书，被老师发现了。老师很生气，夺过书来用书打了他两下。他抓住了教师不该打学生这个理，跟老师在课堂上就吵吵起来，握着小拳头大有还手之势。

我把该生请到我的办公室，让他坐下，给他倒上一杯水，让他消一消气。然后笑着说：“好家伙，老师敢打咱?”他听我这么一说，怨气先消了一半。接下来我又半真半假地问:“我看看打出外伤来了吗？要有外伤,咱这有创可贴。要是打出内伤来,我这还有云南白药。”这一来,他的怨气全消了,但还在强调“反正老师打人是不对的。”我也说:“老师打人是犯了错误,咱这样吧,刚才发生的事全班同学都知道,咱去问一问你班的同学们吧,是停止老师讲课呢?还是停止你上课?”这下他不言语了。接下来,我问他:“平常语文老师对你们的学习挺负责的是吧?”他点头,“今天这事他是对你负责呢？还是不负责呢?如果是为咱学习负责任,轻轻地打了两下,这有什么？如果老师不是对咱的学习负责的话,走,我陪你找他去。”他想通了,低头笑了。他笑了,我则严肃起来,反问他:“如果你是老师,面对毕业前的紧张复习,你发现了学生偷看闲书,难道你不替学生着急吗?”通过交谈他明白了自己的错误,我又批评他,因为你一时的激动,影响了全班上课,这是个严重的错误！他表示接受批评。回班后,自觉地先给老师深深地鞠了一躬。安静地坐回自己的座位上。

6. 批评要根据孩子的特点,注意场合,掌握分寸

批评教育孩子,应该注意场合,不要当众训斥,批评孩子的缺点,最好是单独谈,平心静气地批评,所谓“人后教子”就是说的这个理。

前街上小红的妈妈是个脾气急躁的人，在大街上就高声指责小红如何不对，如何不应该。说得似乎有理，但是女儿小红却不买她的账，一甩手气呼呼地走了。小红妈回到家里，又要和小红理论，小红却回敬道："当着那么多人就大声嚷嚷，叫我的脸往那儿放，你也没面子呀！"本来是想批评孩子的小红妈，没想到反而被孩子一席话给堵了回去。由此看来，批评孩子时若不讲究点艺术性，批评教育就很难达到理想的效果。

批评孩子的缺点要点到为止，不要把错误的性质说得过分严重。教育孩子改正错误要从他们的前途着想，教育他们改正错误，要求不能太高，要允许人家逐步纠正。

暑假前，有两个学生交往过密，甚至在上课时间，有时也要凑到一块说笑打闹。下了晚自习，往往是先到校外风景区玩一会才回家。同学们反映他俩在谈恋爱。当时距离高考已不足一个月了。年级处迫于高考压力，严格规定，凡在此期间，打架斗殴的，谈恋爱的……一律勒令退学。孩子的家长知道了此事，既怕被勒令退学，更怕影响高考，急得束手无策，直骂孩子"没出息！"班主任也怕他俩影响班内纪律，把他俩送到我的办公室。

我知道了这些情况后，进一步了解到，他俩都属于高考边缘生。也就说如果他们能够集中精力复习、备考，有考上大学的可能，假如受到某些挫折，则落榜的可能性很大。

如果把他们赶出校门，他们精神上会受到较大的打击，如果家庭也不容，说不定他们就会破罐子破摔，贻误学业。但是，如果不管不问，任其发展，也将荒废个人学业，并且影响所在班的纪律，校纪也不容。

面对这种情况我采取了分别谈心的办法。最初他们认为我要处分他，神情挺紧张。我开口说的第一句话是："我了解了你们之间的一些事，我认为你们之间不过是比较谈得来的朋友，是正常的同学关系"。听了这话，紧张气氛立刻缓解了，我们开始交谈。谈了一些在班内违犯纪律的事后，我指出他们的交往已经影响了个人学习，也影响了班级纪律，这就不正常了。假如这样发展下去，再糊糊涂涂地混上一个月，高考将会有什么样的后果，那就可想而知了。到那时，你们再见面就不是谈友谊，谈前程了，而只剩下谈悔恨，谈烦恼了。到那时，你们会互相追究责任，到底是谁耽误了谁？

谈话中我帮他分析了他的学习成绩，计算该成绩在全市考生中的位置，和他一块分析当年考生概况。他明白自己所处的位置后，产生了危机感，意识到备考中的一寸光阴，都是寸金难买的。为自己前

段所浪费的光阴而感到后悔。也明白了前一阶段，那段迷途的交往,是对人对己都无益的。

在他认识到自己的错误之后,我拿出学校的规定让他们看,告诉他:根据他们的表现,应在“勒令回家”之列。于是,他又紧张起来,立即表示了悔改之意。我及时地提出约法三章:第一条,在校内外,要全力复习备考;第二条,在班上不得再有影响他人学习的违纪行为;第三,放学后按时回家。对于这简单明了的三条纪律,他俩分别表示愿意严格遵守。我又把他俩分别送回了教室。

事后的一个月里,我不断地到他们班里看一看，放学时我劝他俩的家长分别来接一接。路上同行或课间相遇时,我主动和他们聊一聊,就这样,直至毕业,他们一直在全力以赴地复习备考,没再分心。高考后,他俩双双通过了本科录取的军检线。

领取大学录取通知书那天,我又发现了他俩。在湖边柳树下,俩人并肩而坐,谈笑风生。和我邂逅有些尴尬,我则微笑着坐下来,先祝贺他们,表扬他俩都有志气。这样两句话打破了尴尬局面,他们开始和我聊天,我则引导着谈交友,谈婚姻与责任。最后我劝他俩:“如果真的有些感情的话,我劝你们把这点单纯的情感冷冻起来,待到大学毕业后再解冻，那时互相负责任的再谈论此事。他俩都心服口服地承诺下来。

对待上中学期间,男孩与女孩之间,有的交往密切了一点,不能随便就冠以“早恋”的罪名。即便有的男孩、女孩的行为确有些过火了,也应及时地教育,引导他们迷途知返。如果一见所谓“早恋”就勒令退学,这种做法是可以起到惩一儆百的作用,严肃校纪,但那是一种欠慎重的做法。假若做家长的闻听自己的孩子有“早恋”现象,就对孩子又打又骂,那样,也会伤害孩子与家长的感情。如果孩子在学校,在家庭都得不到理解与关爱,那么,势必逼迫他去寻找能够理解自己的人。那些因出现此类事,而发展到离家出走的事件,都是这种错误教育所导致的恶果。

总之,对待孩子们所犯的错误(包括早恋),要站在关心他的前途,爱护他的荣誉的角度,帮助他分析错误的危害,指出正确的道路,允许人家慢慢地认识错误,允许其逐步地改正错误。在批评孩子的过程中,一定注意不能伤害他们的自尊心。

教育孩子中的表扬与批评的艺术,在于不是你高兴时就表扬,不高兴了就批评,而是表扬、批评均从有利于教育孩子的角度着想。表扬孩子的进步要恰当,要善于发现孩子的点滴进步,及时表扬,表扬中指出努力方向。批评要准确、适度,说理要说到孩

子的心里去。批评某个缺点时,要就事论事,不可抹杀其它方面的成绩,不能把人说的一无是处。批评要讲道理,批评要有爱心。纠正孩子的缺点要像治疗疾病一样,适时、适量用药,苦口婆心地劝导。并且要多表扬少批评。有些无关紧要的小缺点,让孩子在成长过程中,运用榜样的力量去自我克服。

在教育子女的活动中,表扬孩子的点滴进步,要像表彰战将立下战功一样,气氛热烈,感情真挚。赏识孩子的优良表现,要像欣赏明星表演一样,赏识其人,陶醉其艺。

要信任孩子,尤其在关键时刻,要像板上钉钉一样告诉他:“你行,你一定行!”给他吃一颗定心丸,树立起必胜的信心。

表扬,是用自己的爱心之火,点燃孩子心灵的火炬。赏识,像春风细雨润物无声。信任,如一股强劲的东风,能够鼓起孩子前进中的风帆。批评,则是帮助航船调整航向。

然而,不论是采用表扬、批评或利用欣赏与赏识教育子女,还是关键时刻对孩子表示信任,都要有理有力有节,在了解孩子、理解孩子的前提下,视具体情况而分别对待。多动脑,善思考,运用得当,效果就比较好。

四、教子要重视榜样的力量

经历过60年代的人都记得，当年毛泽东带领全国军民，呕心沥血艰苦创业，在工作及生活等方面严格自律，事事讲为人民服务，时时为国家着想，本身即为雷锋精神的实践者与缔造者。在他“向雷锋同志学习”的号召下，人们自觉地用雷锋事迹鼓励自己，认真学习，努力工作，争先恐后地为国、为民做好事，国家建设日新月异，蒸蒸日上。人与人之间互相关心，互相帮助，整个社会环境春意盎然，充分显示出了榜样的力量。

托尔斯泰说过：“千分之九百九十九的教育都归结到榜样上。”说出了榜样对教育的重要性。我们德州有句俗语叫做“跟着么人学么人”，则总结了身教重于言教的道理。

在教育子女的过程中，应通过讲历史及现代的英雄模范人物故事，为孩子树立起学习的榜样。更要紧的是要严于律己。“打铁先得自身硬”，自身时时、事事都应成为孩子们效法的楷模。历史的和现代的英雄模范人物，能够鼓舞人们树立远大的志向，身边的先进典型便于与自身比较，对照先进典型，取人之长，补己之短。而作为孩子的第一任老师，又是朝夕相伴他的家长，其自身的示范作用更不可低估。

作为家长如若只会像社会上某些领导干部那样，常摆摆架子，高兴了给孩子上一堂政治课，要求孩子这样、那样，提完要求后，自己就照常去吃喝玩乐了，这样的说教是没有作用的。尽管你可能把道理讲得头头是道，甚至外加些物质利诱或吓唬，也不会有多大作用。顶多是教会孩子说做不一，用撒谎哄骗度日。

1. 身教重于言教，家长要作表率

身教重于言教，尤其是家长自身的言行举止，其榜样的作用不可低估。这一点我体会得比较深刻。如果说我的前半生，只为他人做过一些我力所能及的好事，从未做过损人利己之事的话；如果说我在工作与学习上都有点儿顽强精神的话，那是我牢记了父母的教诲，他们为我树立了良好的榜样。

我出生在一个自给自足的农民家庭。父亲上过学，写一笔好字，逢年过节乐于帮乡里乡亲们写几副对联。农闲时，修桥补路是他的休闲方式，推车挖土，踩两脚泥，出一身汗，父亲却风趣地说："这比城里人，在广场上空跑强多了。"直至晚年，七十多岁时，还坚持为别人做好事，一边劳作，一边劝导旁人："但行好事，强似烧香拜佛。"

母亲待人和善，手巧，左邻右舍有针线上做不了的活都愿意找她帮忙，她总是热心相助。母亲还会接生，帮助邻居护理产妇。1955 年有个产妇难产，其家人有的求神拜佛，有的主张生死由命。母亲说服了其家人，护送产妇去了医院，母子平安后，医生说："如果再晚来半步，这母子也就都救不活了。"其家人这时才如梦初醒，为被救活的孩子起名叫万福。

父亲善于种田，我家地里的粮棉，每年都比别人家多收获一些。母亲则勤俭持家，当家过日子物尽其用，从不浪费一针一线。他们通过十余年的艰苦奋斗，仅凭种田，卖粮棉，就使我家的私有田地，由十来亩扩大为二十多亩。他们的勤劳与吃苦精神可想而知。

母亲干活麻利，办事计划性很强，她把全家六口人的吃饭穿衣料理得非常妥当。那个年代，不同于今天。要吃饭，先得自己动手把玉米磨成面儿，再生火蒸窝头、煮粥。要穿衣，先得去把自家地里摘来的棉花加工成棉絮，再纺线织布，而后再一针一线地缝衣做鞋。为了全家人的一日三餐有热饭，一年四季有整洁的衣服穿，母亲一天到晚忙里忙外，熬夜做针线活是常事。至今，母亲那在煤油灯下缝衣的情景，还清晰地留在我的脑海中。

农忙时节，母亲要下地劳作。庄稼地里的活，打谷场上的活她都能做。有一年麦收季节，父亲不慎伤了手，七、八亩小麦的收割任务就落在母亲一个人身上。她舍不得花钱雇帮工，提前两天一个人有计

划地开始选收地里那先成熟的一小片一小片的小麦,只比别人晚一天,就把非两名壮劳力不能胜任的收麦任务,奇迹般地完成了。这使全村许多人竖起大拇指称赞。因为父亲、母亲平时爱帮助别人,此时,忙完了自家地里活的乡亲们,纷纷前来帮助打场,帮我家夏种。这一年的夏收,我的母亲——一个身材并不高大的小脚妇女,着实顶起了我们那个中农家庭的整个天。

至今,我每当回想起这件事,不论眼前工作或学习任务有多么繁重,艰难与否,就没有什么不能克服的困难了。这的确显示了榜样的力量。

母亲当家过日子很有办法,她收藏的粮食历经十年也不发霉变质。1960 年家乡闹灾荒,村中饿死了许多人。我家也是天天靠野菜度日,然而解放前自家地里生产的芝麻,母亲还存着小西瓜那么大的一布袋儿,全家都舍不得吃一粒,留作救命粮。但是,有一天晚上,她和父亲商议了良久,毅然拿出了一部分,送给了饥饿难挨的乡亲。现在回顾起来,我仍然为父母的高尚品格而叹服。

父亲年轻时是生产队长,他爱劳动,脏活、累活样样带头干,但是,从不沾公家半点便宜。1964 年四清运动中,清查干部的经济问题,是比较彻底的,运动中父亲是第一个被公社四清工作队宣布的“四清干部”的先进典型。

在那个仅凭个人良心管理公共财产的年代，父亲当了多年生产队队长，吃苦在前，享受在后，公私分明，两袖清风。同时他也坚决反对别人多吃、多占集体利益。不仅深受村民拥戴，就连四清工作队员们都为之折服。

父母的一生“只做好事，不做坏事”，他们这样教育我，也身体力行了一生。他们的言传身教，在我的心灵中深深地扎下了根。如今世上许多人自私自利严重，许多人损公肥私，我见了总有疾恶如仇之感。那样的事，我不做，我的家人不做，我劝导我的学生们也不要去做。我的这种思想、行为归结起来，也是来源于榜样的力量。

在学习或工作的道路上，遇到困难是正常的，知难而进，还是畏难而退？进则走向成功，退则半途而废。我的女儿也遇到过这类进与退的选择。上大学三年级时，她估量自己的实力，已向学校申请了跳级，学校查阅历次考试成绩后，已予以批准。也就是一年要同时学习两个年级的课程，而且学校要求的比正常学习的同学还要严。谁知在这个当口儿，工作单位机构精简，原来三个人干的工作，要精简为两个岗位，而且因暂时无合适人选，还空着一个岗。这样原来三个人的工作量，就全部压在女儿一人身上。

工作多了,任务重了,加上高函学习和商务英语考级,还要学习驾车,天天忙得疲惫不堪。这时的晨蕾常常抱怨说:“累死了。”学习和工作的积极性有所降低。我和她妈妈都看在眼里疼在心上,但是我俩都认为:“二十岁刚出头的青年人,除了要学习各种知识外,更要在学习与工作中锻炼意志,就是要锻炼在困难面前不低头,重担压肩不弯腰的奋斗品格。”我们除了尽量照顾她的生活之外,常常鼓励她要坚持、要努力奋斗。一天她偶然翻开了我当年学习时用的教材《高等代数》,见到扉页上有一首小诗

夜读

夜读高代入深更,
瑞雪悄然睡窗棂。
纸地墨天万物静,
陋室寒门灯独明。

就问妈妈:“这是我老爸当年夜读的写照吗?”妈妈告诉她:“是的,那是一个三九严寒天,你的爸爸躲进一个没有任何取暖设施的仓库内夜读。读到深夜一两点钟,偶然抬头才发现不知何时下起了大雪,雪已从破门洞中被风吹进屋里去,堵在门口。开门一看,漆黑的天,雪白的地,便触景生情,顺手写了这首诗。”接着便有意识地借机给她讲起了我当年一边工作一边学习的往事:“爸爸高中毕业时正值文革期间,大

学关门，留校任教十年后，山东师范大学才第一次招函授生，考试还是不容易的，当时德州市有不少人报考，最后只录取了 14 人。学习条件和现在无法相比，每次面授都要自带被褥，住学生宿舍，学习要求挺严格，差半分不及格也要补考，补考不及格就会被淘汰。当时国家发展的形势，使人们都已知道学习的重要性了，多数学员都努力拼搏，可是在山东师范大学严格的考试制度下，还是不断有人被淘汰。据山东师范大学统计，到他们专科毕业时，淘汰率已达到 53%。也就说取得专科文凭者仅占录取人数的一少半。到本科毕业时就更惨了，德州市只有三人取得本科文凭。由此可见当时的学习竞争是多么残酷。然而那时你爸爸的工作又太累，两个班的数学课就已是满工作量，还要当班主任、年级组长、教研组长、备课组长，还要辅导数学竞赛，而且这些工作他还都力争做好。他带的班教学成绩是全年级最高的班。年级是学校先进年级组，教研组被评为市级先进集体。这学习与工作两头拼命干的程度自不必多说了，还有第三头就是他还有三个家的家务呢。两个老家一个咱的家，都要照顾周到，读书的时间也就只有去挤占晚上的休息时间了。后来你爸累病了，病倒后，仍然没有气馁，坚持下来了。”女儿听了这些话以后，回顾了小时候的亲眼所见，没再说什

么，只是把那首小诗抄下来压在自己桌上的玻璃板底下。此后再没听她喊“累死了”之类的话。学习与工作更加积极认真了。这件事明显地显示了榜样的力量。

家长的榜样作用是重要的，家庭环境，家庭气氛对孩子的影响也是非常重要的。

我们家的生活作风，平时就比较严谨。从教育孩子出发，我们自从有了女儿之后，就更加注意自己的言行。一言一行都要给孩子做出良好的示范。今天看来这些无言的教诲是比较见成效的。孩子言行准则很像我们，在与同学或同事们相处时，能为他人做点好事，就主动去做，不能则已，决不做任何坏事。生活上无恶习，在家在外都有一个良好的卫生习惯。我们家历来比较注意勤俭节约，比如写字用纸，如果正面用过之后，背面还能够使用，我从不扔掉。现在孩子工作了，办公室的办公条件优越，我有时去她的办公室，见她仍然利用正面已经用过了的废纸打印文件初稿。

我们两个都是中学教师，教学任务比较重，上班忙，下班后还要伏案工作。家务事与工作都安排得有条有理，忙而不乱。女儿这十几年的学习生活也和我们一样，一有空就坐下来看书学习。休息、学习合理调配，安排得有条不紊。

2. 己身不正，教子也难

榜样像一面旗帜，是军人冲锋陷阵的前进方向。榜样是一盏航标灯，在茫茫大海中航船依灯而行。如果没有了军旗，军人会失去前进的方向。如果大海中的航标灯不正，航船偏离航道就难免了。

在一个孩子的成长过程中，生活在他周围的人，对他的影响是不可低估的。而自己家中的人对他的影响，那就更重要了。

家长的某些不良习惯，对后代的影响也是显而易见的，在我们周围比比皆是。我遇到过这样一个学生家长。由于孩子在校不爱学习，专爱打架斗殴，对同学动辄拳脚相加，说话骂骂咧咧。我去他家家访，家长无可奈何地告诉我："这孩子邪性，从小没少挨揍，就是他妈的改不了，你说咋办呢?"其实什么叫"邪性"，只从他说的这两句话和他那一身酒气，我就全明白了，这孩子缺少一个好的家庭环境。

我有个学生叫高阳，很贪玩，上高二时在老师和班内同学的影响下，才开始发愤读书。然而，总是静不下心来。因为家中太乱，妈妈常聚集几个街坊邻居打麻将，缺人手时原先也常拉着高阳上牌桌，高考近在咫尺的紧迫感，使得高阳非常焦躁。在一天晚上，高阳的几道数学题怎么也做不下去，麻将声使他心烦。高阳气冲冲地跑到妈妈的房间，掀翻了麻将

桌，哭诉自己的烦恼。妈妈们才如梦初醒，一个个灰溜溜地走了。试想在这样的环境下成长的孩子，贪玩似乎就是正常的了。而今日孩子的觉醒，不知是受到多少外界影响，才得以实现了的呢，而这种觉醒，往往是为时已晚了。

要使孩子学习好，首先要让孩子爱学习，会学习，更重要的是要训练他艰苦奋斗的精神，坚韧不拔的意志，帮助他树立起为祖国、为人民而努力学习的远大理想。这样孩子学习起来才有动力。

然而学习毕竟是一项繁重的脑力劳动，尤其是在学习竞争异常激烈的今天，学习更是各种劳动中最繁重的劳动之一。所以总有些人因吃不了那般苦，受不了那么大的累，而中途退却。而另一些人，不畏劳苦，艰苦奋斗不止。奋斗中迎来了一个又一个胜利，一步步走向成功。在进与退的关键时刻，人们都会有一段激烈的思想斗争，而在这场进与退的思想斗争中，榜样的力量则是非常重要的，尤其是其第一任老师——父母的身教作用更是能直接影响孩子进与退的抉择。

李小光高考落榜了。小光的爸爸——老李，一条粗壮的山东大汉——他哭了，哭得还是那么痛。他数落小光：今后还有什么前途？让人失望。数落他辜负了全家十二年的含辛茹苦。最后拍着桌子命令式地说小光:“再复一年课,明年必须给我考上!”李小光对自己的落榜并不以为然,满不在乎。见父亲这样凶,他也强词夺理地回敬:“我上够了,再也不给你学了。你甭逼我,逼急了我就走。你不是上初中时就逃学离家出走过吗?”本来还是火冒三丈的老李,面对胡搅蛮缠的儿子,竟无言以对了。只是捶胸顿足而无计可施。

李小光这样的人和事我遇到过不止一次,均属于前进中因为畏难而败下阵来的。虽然贻误他们前途的原因不止一个,然而这身教不正之责还是要请老李们自负的。这也是榜样的力量,不过是个反例。

虽然“法官的儿子不一定就是法官,窃贼的后代不一定就是窃贼”,但是家庭成员对晚辈的影响,的确是孩子成长过程中的一个至关重要的因素。

我老家邻村有个名叫木三的村民,生有五子,在前些年那个生活困难的时期,也许是为了养家糊口,他常常晚上下地偷窃生产队里的庄稼,村民幽默地称那叫“上夜班”。生产队长为了抓住他“上夜班”的事实,常常藏在隐蔽处,夜守木三的家门,有时能捉到他背着些半生不熟的玉米棒,或是扛着些打谷场上刚打下来的小麦盗窃回来。可木三却是屡教不改,时间久了队长熬夜熬不住,就每天晚上等木三家关上大门睡觉后,悄悄地在他家大门的两扇门之间

的缝中插一根草棒，第二天木三家开门之前就去观察他家门缝中插的草棒是否还在，如果木三家门还是关着的，草棒却掉在地上，而且生产队当晚庄稼又被偷窃，队长就带人到他家去搜查，往往十拿九稳地能搜出赃物。当年木三为什么偷窃，姑且不去探究，反正我所见到的是他的五个儿子个个爱干此昼伏夜出之事。前不久听老家的人说他的孙子更甚，“又被公安局抓了”，“已是三进宫了”。

我这样想，木三偷粮养子孙的同时，不会也开班授课，教唆他们偷窃吧？然而这耳濡目染或者说身歪影斜，大概就是他家“子承父业”的原因。

另外，在社会交往中，我有一条经验，看一个人是否有爱心，能否成为一个知己的朋友，最起码的一条是看他是否孝敬父母，如果有人对自己的父母都不孝敬，那么，他与你的交往也决无真情可言。所以在教育子女中，教子有爱心，教子讲奉献，应当从教子尊老爱幼开始。在这方面，榜样的作用就更明显，尤其是自身的率先垂范尤为重要。

事实上，一个人关爱后代，似乎是本能，而孝敬老人则是一种理智行为。我劝过许多人，“为人不敬老，养子有何用?”因为在实践中，孝敬老人，尤其是侍奉一个长年卧病的老人，是一种非常辛苦的事。常言道：“久病床前无孝子”，就是说许多人在长时间侍候老人时,都会产生厌烦情绪,问题在于产生这种厌烦情绪时的思想斗争结果。在这种思想斗争中,如果他想到的是天理良心,是父辈敬老的榜样,就可能用良知战胜厌烦情绪,而继续尽孝道。如果此时,他想到是小时所见,父辈是如何不孝的,那么,他就似乎为其不孝找到了理由。当你质问他忤逆时,他会回敬:"当年你不是也这样对待我爷爷的吗?"而往往在此时卧病老人再如何说教也为时已迟了。这也正是教子失败者无可奈何吞咽自栽苦果的时候。这是人世间常常上演的上行下效的故事。然而常演常有,这种事最能说明身教重于言教。因此,教子尊老爱幼也必须先以身作则。

3. 讲英雄模范故事,在孩子心目中树立学习的榜样

为了教育孩子热爱学习,在女儿小时候我就常给她讲些诸如鲁班学艺、磨杵成针之类的故事。在泰山游玩,行至普照寺,我就给她讲冯玉祥曾在此驻扎,来到冯玉祥的墓前,我们坐下来休息,就给她讲冯玉祥如何在军旅中苦读,自学成才的故事。女儿大约在3岁时就可以复述"小马驹与小黑驴学本领"的故事了。这类故事教育鼓励孩子,从小就要认真学本领。为了引导女儿立志,树立远大的理想,我还常给她讲诸如岳飞幼年如何在家境贫寒的艰苦条件

下刻苦读书、习武，后因文采出众，武艺超群，兵书战策对答如流，而被主考官宗泽所看重，后来成为抗金名将的故事。给她讲高尔基小时候因为贫穷上不起学，一边帮富人家打工，一边刻苦读书自学，后来成为世界著名文学家的故事。

这些故事中的主人公，在孩子的脑海里树立起了一个个从小就认真学习，长大后成为国家栋梁的光辉形象，激励她立志成才。女儿上学后，家中饭后茶余常常谈论的话题是某校某人学习成绩如何突出，某家的孩子学习认真又考了双百分，某某少年大学生是怎样考入中科大少年班的。那些先进典型始终鼓舞着女儿天天向上。因此，女儿自上学前班，到读大学课程的学习中，学习成绩一路领先，也从无自满情绪流露，因为我们总有比她更强的先进典型讲给她听，激励她继续努力。

我当初中班主任时，发现有几个孩子学习落后的原因是意志不坚强，学习怕苦怕累，我就利用星期天，约他们一同去参观无臂、独腿少年路建中刻苦学习，顽强生活的图片展览。以残疾少年为榜样，对于那些学习怕吃苦的孩子来说，通过与自我对比，能够受到一定的震撼。收到较好的教育效果。

去年天津无臂青年刘涛，用脚艰难写字，考入重点高中；用嘴唇敲击键盘在计算机比赛中获奖；以

579分的总成绩考入天津财经学院,成为法学系的一名大学生的真实故事,如果拿来讲给学习怕吃苦的孩子们听,他们会对自己的学习增加信心:“无臂人能做到的事,我们也应该能够做到。”

利用榜样的力量教育子女,让孩子在成长过程中,心中总有英雄模范人物头前引路,周围常有先进典型与己对照,奋斗中有师长循循善诱,徘徊时头脑里能清晰地浮现父辈模范的身影。利用榜样的力量教育子女,教他们爱学习,爱劳动,教他们做人,做好人,做有高尚道德,有文化,勤于探索,勇于实践,立志成为国家有用的人才,是一条比较顺畅的教子之路。

五、培养孩子独立活动的能力

在教育子女的过程中,培养孩子的独立活动能力,是件重要的事。对于这种能力的培养,应该是积极主动的、有意识的;应该从小抓起,从孩子的日常活动中做起。培养孩子意志坚强,学习有毅力,遇事有韬略。训练孩子自立、自强不息。让孩子在生活、学习中不等、不靠、不依赖,有着较强的独立活动的能力。

1. 在日常生活中培养自理能力,教育孩子不等、不靠、不依赖

有个故事说,过去有个懒汉,在家什么活也不干,天天过着衣来伸手,饭来张口的生活。这天媳妇要回娘家去住几天,烙了一张大饼,中间挖个洞,套在懒汉的脖子上,就放心的离去了。几天后回家来一看,人已经饿死了。原来懒汉只会张口咬嘴边的饼,竟然不愿意动手把大饼旋转一下,嘴前面的饼吃完了,大饼掉到了背后。

这是个笑话故事。然而,现实中也有类似的真事,某领导的女儿从小没干过家务劳动,自费去美国留学后,打回来的第一个电话是问妈妈:“炒菜是先放油?还是先放酱油?”

俗话说的好:“孩子是怎么惯就怎么长。”对于孩

子的事，你若不教他自己做，什么事都一手包办，似乎是疼爱孩子，实际上等于剥夺了孩子独立生活的能力，助长了孩子的依赖思想。一个独立生活能力不强的孩子，他的学习及其他能力一般也不可能很好。

有一幅“送子上学”的漫画，让我看后至今难忘。画中一老者，手提书箱，肩扛行李，躬身前行，身后一个年轻人背手相随，悠闲自得。这画中的情景并非特殊情况，如果你在开学时节到中学或大学的校门口去瞧一瞧，类似于画中的情景比比皆是。这幅画既讥讽了一些青年人缺乏敬老教育，也指出了这种无德现象，恰恰是老者过分疼爱孩子造成的。另一方面，这幅画也预示了：对孩子的事包办的越多，其独立生活能力越低下。然而孩子终究是要独立生活的，这种包办过多的教子方式，会造成孩子独立生活能力的相对滞后。

在当前这个独生子女家庭居多的时代，过分为子女操心的家长也居多，许多家长事无巨细，总想为孩子安排得万无一失，这是当今做父母的一大失误，也是将来这些做父母的一大悲哀。这将在日后子女无力完成赡养义务时充分显现出来。

有些大人看孩子，喜欢让孩子呆在童车里，或抱在怀里，孩子也愿意伏在大人身上，或坐在车中。这

样,大人感到放心,孩子也感到舒服,甚至许多孩子早已能走会跑了,还总是哭闹着喊:“妈妈抱抱。”总是耷拉着两条长腿,被抱着走路。这样做,在大人方面,似乎是疼爱孩子,实际上是有意无意地减少了孩子练习走路的机会。这样的孩子往往不如同龄儿童走路走得利落,比同龄孩子摔跟头的次数也多。还有一种现象是:像这种被大人疼爱过多的孩子,一旦摔倒,不论摔得轻或重,他总是趴在地上哭,等候大人抱起来,若不然,就趴在地上哭个不停,显得是那么无赖。

有些孩子,由于妈妈过分细心的疼爱,产生了依赖心理,意志也显得薄弱,在外面玩耍时,只要遇到困难或不顺心的事,哪怕是很小的事,也只会哭,哭着回家去找妈妈。

我的同事大潘,在教育孩子方面就有这样的欠缺。有一次大潘带儿子豆豆在小公园里玩耍,豆豆抢了大潘的水果刀就跑,不小心摔倒了,趴在地上哭,大潘把他扶起来,发现豆豆的手指头被划破了一点点儿皮,豆豆看着手指上流出一滴血来,竟然发出了撕心裂肺的哭嚎声,一边哭,一边呼救:“爸爸,流血了!”大潘生气地说:“流吧。”豆豆看见又流出一滴血,又嗷地哭叫一声,问:“爸爸呀!这血流完了我就死了,是吧?”大潘还是没好气,只是“哼”了一声。豆豆问大潘:"怎么办呀?"大潘不紧不慢地说:"回家找你妈去吧。"大潘回头往家走,豆豆跟在后面,一边走,一边不放心地问:"还有多少血呀? 爸爸,"大潘说:"还有若干呢。"豆豆每当看见又流出一滴血,就先哭一声,再问一遍:"还有多少血呀,爸爸?",大潘还是待答不理地说:"还有若干呢。"

我见到这个情景,觉得大潘教子方法有点儿不对头,就走过去带着豆豆到水龙头边,先洗干净了他的那双小脏手,又在花丛中找了一棵叫"铁铣头"的止血草洗净后,采下几片叶子,教给豆豆自己把这几片叶子嚼碎,然后外敷在伤口上,不一会儿,血就止住了。我告诉豆豆,今后不论谁遇到这样的小伤,不必依赖别人,照这样处理就可以了。

正确的教子方式是:孩子能自己走的路,要尽量放手让他自己走,跌倒了,能自己爬起来时,就不要去扶他,鼓励他自己爬起来。遇到孩子自己处理有困难的事情,要耐心地教他解决问题的方法,尽量少包办孩子自己能处理的事情。培养他不等、不靠、不依赖的独立活动能力。这种培养训练要从小抓起,从生活中每一件小事做起,并且要会顺水推舟地引导他们去锻炼。为了培养他们独立活动的能力,应该有意识的放手让孩子去干些他们力所能及的事。比如让孩子自己到交通比较安全的地方,单独去购

物;去邻居家送东西或取物品;指导他动手洗自己的小袜子;收拾自己的床铺等等。

带孩子玩的时候,遇事和孩子商量着办,先听听他的意见,再与他分析怎样解决更妥当。只要孩子提出的办法不是行不通,就尽量按照他说的去做,做的不好也没关系,事后再总结经验教训,这样有利于培养孩子独立思考问题、解决问题的能力。

我女儿小的时候,我就用此类办法训练她独立活动的能力。三、四岁时,就经常让她独自去打酱油、买盐,早上起床自己穿衣服、系鞋带,自己洗刷;晚上睡觉,自己单独睡一张床。比较有意思的是幼年时,有一次,她看到比她大两岁的邻居小姐姐跌倒在地上,哭着不肯自己爬起来,竟能主动地上前劝导着扶起来,并且把她送回家。

女儿四岁那年,有一次她上幼儿园,傍晚放学独自回到家后,见家里锁着门,女儿在门口等了一会儿,不见我俩回来,她没有哭,而是将小帽子挂在门把手上,自己到邻居家里耐心地等着。当我们牵挂着孩子,急匆匆地赶回来时,看见门把手上挂着女儿的小帽子,那颗悬着的心立刻放了下来,为女儿能妥当地处理了这件事而感到欣慰。

2. 培养独立活动能力,磨练意志,锤炼毅力

一个高素质的人才,是在耐心的培养与长期教育下长成的,其身体素质,社会素质,心理素质都是在先天基础上,经过后天学习与锻炼逐步提高的,具体到人的心理素质(心理因素包括智力因素和非智力因素。智力因素包括观察力、注意力、思维力、想像力、记忆力。非智力因素包括情感、意志、毅力、兴趣、爱好、行为习惯等),也是在后天的开发、利用中得以发挥、发展的。在培养孩子独立活动的能力中,锤炼孩子们的意志与毅力,就是为了提高他们的非智力因素,尽而提高人的素质的核心——心理素质。

在晨蕾小时候,我们不仅注意培养她独立活动的能力,也注意利用所有可以利用的机会,培养她干事情的毅力。在农忙时,我带上她到农村老家参加麦收,幼年的女儿虽不会干活,但让她看着遍地的麦子被一把一把地割下来,再一捆一捆地装车运回打谷场,烈日下她看着我们在打谷场上劳作,天黑了,她看着我们起场收粮。让她真正地了解"汗滴禾下土"的含义,知道"盘中餐"的来之不易。让她整天整天地看我们在烈日下挥汗如雨,观看我们"足蒸暑土气,背灼炎天光"的辛苦劳作,本身就是对她的毅力的训练和熏陶。

我也曾有意识地带她去观察瓦工们日夜奋战,抢修围墙的全过程,给她讲:"干什么事都要有毅力、有恒心,要能吃得了苦,否则这围墙就不会自己从地

下长出来,任何事业都不可能轻易获得成功。”

有了这些熏陶和训练,女儿在生活和学习中都比较有毅力,也能吃得苦。她四、五岁时,就常常拿着比她矮不了多少的大笤帚,在我们地鼓励下,一下一下有耐心地打扫院子里的卫生。她坐下来写字或画画,能坚持半个小时不动地方,认真地一笔一划地写,一遍一遍地画。

女儿四岁那年,我们去泰山游玩,从上山到下山来回 20 余公里山路,在我们的表扬与鼓励下她一直坚持着自己走上走下,拒绝妈妈要背她走的提议,下山后累得睡在妈妈怀里,但她在睡梦中却笑得很甜。

培养孩子的独立活动能力,像教孩子识数认字一样,要循循善诱,要会因势利导。女儿幼年时有一阶段,家属院中的孩子们流行耍刀弄枪,几乎每个孩子都从街头“军火商”那里买了一件“兵刃”,个个提刀扛枪,耀武扬威地在大院中走来走去。我也和女儿一起自己动手,制作了一杆三尖两刃枪。用木板削制了一个枪头,刷上了银粉,用竹竿做了一个枪柄,缠一层蓝布条子,再在枪头下端系上红缨子。孩子扛上它,也参加了这支“童子军”。孩子们起初把“兵刃”作为玩具欣赏,后来就真的变成了武器,有时还发生“械斗”。有的家长建议没收他们的“兵刃”,不让他们再玩这些东西。我则表示反对,于是孩子们都拥护我,我顺势引导他们组建了夜间巡逻小分队。孩子们吃过晚饭就携带“兵刃”集合,站成一队,扛着“刀枪”,迈着不太整齐的步子,在家属院内巡逻。大院内是比较安全的,不过刚开始时,孩子们不免有些胆小,谁也不敢打头儿,过了几天,他们的胆子就不那么小了,队伍也比开始时整齐了。我让他们轮流当队长,喊着“一、二——一”,带队巡逻,比赛看谁组织得好。他们手中的“兵刃”不再用来“械斗”,小队员们也越来越守规矩,于是大院里的人们谁见谁夸。小孩子的性格特点就是这样的,你越是表扬他,他就越上劲。孩子们七嘴八舌地提出:“小分队应该起个名字了”。有的说叫“老虎小分队”,有的说叫“大龙小分队”,也有的说叫“雷锋小分队”。我支持了第三个建议,并对他们说:“雷锋探家行一路,好事做了一火车。咱们也得做好事,才配叫雷锋小分队呢。”通过大家的商议,我们决定明日开始,每人按时带一把扫地的笤帚来,打扫家属院的街道。道路扫干净了,人人夸奖这些昔日吵吵嚷嚷的孩子们,称他们是小雷锋。

我利用节假日组织他们搞学算扑克大赛;带他们集体游玩。通过这些游戏,逐步地培养他们独立活动的能力,并训练了当小干部的组织能力。他们不再是整日和妈妈胡缠,离开父母就哭鼻子的孩子

了。有几个孩子上学以后就成了班干部，站在学生队伍前面整队："稍息，立正"，喊得挺干脆，带队跑操"一、二——一"还真像那么回事。孙子兵法云："善战者而因势利导之"。像这样，在孩子的玩耍中有意识地引导他们，锻炼其独立活动的能力，孩子乐意接受，效果也比较好。

在我当初中班主任的时候，我观察到有一部分同学意志不坚强，学习缺乏毅力.为了锻炼他们的意志，磨练他们的毅力，我选择了带他们去泰安旅游。

来到泰山脚下的红门宫，一条崎岖的攀山路展现在我们面前。有的同学听说上山、下山要走 20 多公里山路，并且听说："最难攀的是十八盘，紧十八，慢十八，不紧不慢还有十八。"他们便产生了畏难情绪。有几个人提出来："你们上山去吧，俺几个就在山下玩好了。"还有一个同学在路边小摊上买了一根手杖，预备路上累了以后使用。我激励他们要顽强一点，告诉他们："无限风光在险峰。"

这时，在我们前方有一位白发苍苍的老太太，虽然步履蹒跚，但仍然很顽强地一步步攀登。为了教育这部分同学，我鼓励他们紧走了几步追上了那个老太太。我要过刚买的那根手杖，递给老人，老人摆摆手，执意不要手杖说："我每年都来登山，从来没用过拐仗。"我有意识地问她："老人家，今年高寿啊？"

老太太伸出五个手指头说:“七十五啦。”这些话,我的学生们都听到了。我看看他们,他们看看那位老太太,谁也没再说话,都随着我继续攀登了。

爬过中天门,山路越来越陡,经过十多里山路的攀登,他们已经有些疲惫了,有一部分同学嘴里没说畏难,但是步子已开始减慢了。渐渐的落在队伍的后面,我放慢了脚步等他们。他们上来了,恰逢一名担山工,挑二袋大米上山,和我们同行。我对担山工说:“让我替你担一会行吗?”担山工高兴地把担子换到我的肩上,我一边吃力的挑着担子行进,一边和担山工聊天。我问他:“每天能担几个来回?”“天天挑着担子爬山,累不累?”同学们听着担山工的回答,跟在我后面,步子也逐渐加快了。

从山顶返回时,我们走泰山的西路,泰山的西路,道路较中路平坦。但是,小路纵横曲折,容易迷路,我有意识的落后几步,一声不吭地跟在同学们后面走。下到竹林寺附近,他们果然走迷了路,我也不吱声,看着他们有的着急,有的迷惘,他们在山路上闯荡、探索,我仍然跟在后边佯作不知。找了一会儿,他们终于找到了下山的路,这一下他们反而情绪高涨了起来,有说有笑地下了山。

下山后,我先问他们:“谁能说出上山、下山你们共走了多少级台阶?”他们都惊叹起来:“太多了!没

办法数清。”我告诉他们：“这每一个台阶都是劳动人民一锤一钎的凿出的条石，再一块一块地抬上山去的。”我又问他们：“今天累不累？”他们没有一人说累。我接着问：“咱们明日再去上山，有谁愿意跟我去？”他们几乎都表示愿去。

这次泰山旅游，除了娱乐之外，收获最大的是锻炼了他们的意志，锤炼了他们的毅力。不过，要培养孩子们坚强的意志，让他们办事有毅力，不是一时一事所能奏效的，需要从小抓起，从日常生活中常抓不懈。

平时多放手让孩子去做些力所能及的事，在做事的过程中，多教他处理问题的方法，比什么事也替他做好得多。我比较注重这方面的教育，所以女儿生活中自理能力比较强。

在上中、小学时，总能胜任学生干部，十四岁就只身到外地读书，那时，全班数她年龄小，但她却能胜任学校外语协会主席、学习委员等职务；直到十八岁正式参加工作后，只身去外省市为公司招聘员工，她都是很自信地去，并圆满地完成任务顺利归来。这些都是与平时的锻炼分不开的。

近些年来，社会上提倡培养孩子们的独立生活能力，组织孩子们集体春游，搞夏令营，搞野炊。影视宣传中也倡导“小鬼当家”——让孩子操持家务，负责当日全家人的饮食。这都是比较好的培养孩子独立活动能力的方法。

事实上,在教育子女时,注重独立活动能力的培养是件很重要的事。它既是孩子提高生活质量的需要,也是顺利完成学业,以及日后出色完成工作任务的基础。

3. 经济发达国家的教育注重培养自立意识

本书写了一点培养孩子独立活动能力的重要性与必要性,介绍了一点培养独立活动能力的做法,都很肤浅,未敢提出更高要求。那是因为在我们的社会中,过分疼爱孩子的现象已成积重难返之势。尤其是近二十多年来,家庭中子女的个数相对减少,(多数家庭为独生子女家庭)经济水平相对提高了,以及社会多方面的原因,过分疼爱孩子的现象,有增无减。谁家的孩子如果干家务活多了一点,会被别人认为:不疼爱孩子。谁家的孩子如果自己去打工挣钱,会被认为:他家穷的没有钱花了。并且会认为:这孩子太可怜了。多数家长认为干家务活或从事社会劳动会影响孩子的学习,所以多数家庭尽量不安排孩子从事任何劳动。甚至学校也这样认为,有的学校的教学楼的楼道、楼梯都是由学生们凑钱雇清洁工打扫。以至于许多孩子被宠惯的四肢不勤、五谷不分。个人独立活动的能力比较低下,大大

影响了下一代人承担社会义务乃至承担家庭义务的能力。

孔子曰:“三人行,必有我师焉。择其善者而从之,其不善者而改之。”我们在培养孩子的独立活动能力方面,既然不太理想,就应该看一看经济比较发达的国家,看他们是怎样教育孩子自强、自立的,从中找出差距,找出值得我们学习的地方。

美国人认为父母溺爱孩子是最糟糕的事。他们培养孩子的目标是让孩子成长为一个富有开拓创新精神,能够自食其力的人。美国中学生的口号是:“要花钱,自己挣!”不论家庭经济条件穷富,学生在12岁开始,就必须帮助家庭从事家务劳动,以及外出打零工。夏天帮他人搞麦收,秋日帮人家扫落叶,冬天上街铲积雪,以换取日用零花钱。美国南部的一些中学还有规定:学生必须不带分文,独立谋生一周,才准许毕业。

日本人教育孩子“不要给别人添麻烦。”提倡自己的事情自己做。学生除了学习之外,要帮助家庭做家务,或外出打工。小孩子跟大人去旅行,不论年龄大小,自己的行李自己背。在旅游区自己产生的生活垃圾,也要自己带回放入垃圾箱中。

德国人视独立生活能力差的人为“怪物”。注重教育孩子“勤奋、正直、可靠,乐于助人,作风正派。”

他们把孩子当作一个独立的个体。给他们适当的空间,让他们去自由发展。德国的法律规定孩子十四岁就要承担家庭的一些义务。德国人常说:他们的首要责任就是让孩子懂得,一个人走向社会,最终要靠自己,靠自立和自强。

在金融业发达的瑞士,家庭教育重视自食其力。长期靠父母生活的人被认为是没有出息的,是可耻的。譬如十六、七岁的姑娘,初中一毕业,就会被送到有教养的人家去当佣人,一边劳动、一边学习。她们这样做既可以训练谋生技术,又可以学习语言。因为瑞士是个多语种的国家,所以,一个语言区的学生通常是到另一个语言区去当佣人。当她们掌握三门以上语言之后,就获得了到银行等部门就职的资格。

看了这些,我们可能意识到了,为什么发达国家教育的孩子独立活动能力较强,而我们培养的孩子当中有一些人高分低能,甚至有人低分低能。我们的教育理念与教子方式是不是该调整一下了呢?

回想我们教育孩子的观念,从宋朝辛弃疾"最喜小儿无赖",到鲁迅"俯首甘为孺子牛"的这些诗句中,都品得出国人有喜欢孩子,疼爱孩子的传统。其实这原是国人的美德。然而,什么事情都有个过犹不及之说。时至今日,过分疼爱孩子已演化成了部

分家长们的一个通病,有些糊涂的家长对孩子施以“骄纵的爱”,有些过于细心的家长对孩子施以“包办的爱”,许多家庭实施“温室教子方式”。这些就不一定是真正的疼爱孩子了,已经从疼爱演变成了溺爱。

这样的疼爱,只知道让孩子眼前幸福,属于在教子问题上的近视眼。而经济发达国家的教育理念是着眼于未来,着重培养孩子的自立意识,培养孩子自强不息的精神,训练他们独立活动的能力,是为孩子们的将来能独立生活,能独立从事创造性的劳动,并从获得劳动成果中,获得幸福。那才是真正的幸福,这应该是经济发达国家的家长们教育孩子的明智之举。我们理应“择其善者而从之”。

六、心随孩子上学去

如今,为了孩子的学习,肯花少则数千元,多则数万元买一张中学入学通知书者有之;听信:“远处的和尚会念经”把孩子送往外地贵族学校读书者也有之;拿出每小时 20~80 元不等的学费,聘请名师当家教的更是大有人在。如果有人认为这样做了,就可以高枕无忧了,那就错了。因为学习好不好主要因素在于学生自己,学校、老师只是外因是条件,不是决定性的因素。

要让孩子学习好,应该用心去陪孩子上学,做到和孩子心心相通。孩子知道家长的心,时时受到鼓励与促进。家长了解孩子的心,随时为他指导学习方法;耐心为他调整心态;细心陪伴孩子健康成长。

1. 心随孩子上学去,做孩子的知心人

在书刊报导中,常常见到有陪着孩子读书的事例。孩子读小学时,他们每天熟知孩子当日所学的算术、语文等内容,在接送孩子的途中,就和孩子谈论在校所学,借以巩固所学知识。孩子上初中以后,家长也要把他们当日所学的数理化、语文、政治等都看一遍,以便检查孩子的学习,解答疑难,端正他的学习态度,指导学习方法。如果孩子上了高中以后还要这样做,那么大多数孩子的家长就力不从心了。

即使是你能做到那样，一般情况下，也是利弊各半，即有督促孩子学习的一面，也有使他由此产生依赖性，使学习更处于被动地位的另一面。

我有一个在行政机关工作的同学，她很关心儿子的学习。原来在机关工作天天无事可做，她就每天根据儿子的学习进度，把儿子所学课程自己先学一遍，儿子放学后，她就及时监督儿子做作业，并能帮助儿子批改作业。儿子如果上课时没听懂，她就给儿子补课。小学六年天天如此，孩子的学习成绩也还可以。到孩子上了初中之后，她工作有了变动，时间紧张了，再加上初中课程她也不熟悉，辅导孩子已是力不从心了，监督儿子的时间也少了。儿子失去了依靠，自己竟不知该怎样学了。学习成绩每况愈下，从中游逐渐地降到了下游。

事实上，就陪伴孩子读书来说，一般也不需要那样做。只要在自己力所能及的情况下，适当关心一下孩子近日所学内容就可以了。重要的不是给他辅导功课，解答疑难，而是关心他的思想变化，了解他的心理动态，及时帮助孩子理顺情绪。培养他爱学习的习惯，训练他能吃苦的精神，培养他力争上游的进取心。

孩子上学之后，尤其是上中学之后，指导孩子学会读书自学，教他掌握学习方法，是件重要的事。这正所谓:“授之以‘鱼’不如授之以‘渔’”的道理。也就是说只要培养的孩子爱学习,肯用功,而又掌握了获取知识的方法,学习成绩好也就有了保障。至于陪孩子读书的事,应该是天天不忘,用心来陪伴他也就足够了。

在教学实践中,常常碰到这样的家长:他们关心孩子的学习,又不知该怎样办,气馁地对老师说:“自己文化水平低,孩子一上初中,咱就辅导不了他了,他念的书咱都不会了,没办法,请老师多费心吧!”其实,对于教师来说,管教教导是他份内的事,无须家长拜托。而对于学生来说,只要能正常听课、学习,一般也无须家长再辅导他什么了。

远的不说,2001 年我校高中毕业生辛法,学习成绩一路领先,高考中获全省理科总分第一,号称山东理科状元,有人说“人家的父母保准都是老大学生”。其实不然,他的父母是陵县一个小村庄上一对地道的农民。辛法上初中时就离开村子,到县城读书,上高中时又离开县城到德州二中就读,别说他的家长辅导不了他的功课,就是能辅导,也没有那个机会。实际上也没有那个必要,因为他们早已在学前及小学期间,就为辛法培养了一个良好的学习习惯,把获取知识的钥匙交到孩子的手中,并把自己多年艰苦劳作、勤俭持家的形象印在孩子的心灵中,它会

时时陪伴辛法学习,鞭策他努力拼搏。节假日辛法回家,父子能一同劳动,促膝谈心。辛法离家久了,老辛就会到学校看看孩子,见见孩子的老师,了解一下孩子学习的情况。辛法心里的事,老辛能了如指掌,并能及时把话说到辛法的心坎上。这种及时地交流,保障了辛法在学习道路上走得比较顺畅。这也是我见到的善于教育孩子的工人、农民出身的家长的一般做法。

书刊中曾经报道,有一个农民家里很穷,自己不识字,立志让孩子成才。就对三个儿子说:“我吃尽了不识字的苦头,所以我很想和你们一样去读书。但是不种地咱吃啥?这么办,你们白天去上学,我下地劳动,每天晚上你们把白天学习的课程再教给我,这样咱们爷儿四个就都可以上学了。”这样的学习方式一坚持就是几年,孩子们被爸爸的那股认真学习的精神所感动。同时他们都知道白天若不认真听课,晚上回家就无法讲给爸爸听。学会了之后再讲一遍,讲课时还要经得住爸爸的提问,这本身就是一种再提高的过程。数年之后。三个儿子都养成了良好的学习习惯。学习成绩始终出类拔萃。

这位农民家长虽然不识字,但他在教育孩子方面可谓用心良苦,这也是用心陪伴孩子读书的成功范例。

我的学生刘香君打电话告诉我，她的儿子太贪玩了，看书学习时坐不住。晚上在书房做作业时不一会就要出来一趟，要么站在客厅看一会电视，要么洗洗手、吃个水果。回书房不大一会就又出来了，学习效率极低。道理给他讲了一火车，效果几乎等于零。我给她讲了一句话："技穷尽时，不妨作个伴读郎……。"香君理解了我的建议，此后不再絮叨、催促孩子学习。她在书房的门外摆了一张书桌，晚上自修大学课程，一年后，四门功课都通过了自学考试。这无声的教育，在儿子身上起了作用，儿子在日记中这样写道："妈妈利用业余时间一年通过了四门自学考试，她不是为了别的，她是在陪我读书。晚上她在书房的外面陪我读书，白天我知道她的心也在陪着我上学，我不能对不起她。"此后儿子逐渐地改变了过去坐不住的习惯。、

十年前，我教过一个叫许兰的女孩。在用心陪伴孩子上学方面，许兰的妈妈是个很好的典型，她关心女儿的生活，无微不至。对女儿的学习、思想变化等情况无所不知。可谓事事关心，但从不在孩子面前絮叨，也不事事包办，而是细心地观望着孩子自由自在地成长。

许兰是个漂亮的女孩，高挑的个头，白皙的皮肤，平静的脸上总像是挂着一丝微笑。许兰学习拔

尖，乒乓球打得好，还是令同学们佩服的小班干部，人称她是“校花”。是一些男孩心目中的偶像，老师们也都称赞“这孩子将来是个人才”。然而许兰的妈妈并未高枕无忧，在初三下半年时她敏锐的发现，女儿有了点不易被察觉的变化，许兰洗脸的时间延长了，有时常一个人托着腮，长时间的在想什么心事。

许兰妈找到学校了解情况，我告诉她：“有个男孩是许兰的同桌，最近他们在一起谈话的时间有些多，男孩常常主动地帮许兰背着大书包，陪许兰回家。”并告诉她，这事我已经分别给两个孩子都做了思想工作，并且把他们的座位也调开了。许兰的妈妈很通情达理，她没斥责女儿，只是通过周末陪女儿到湖边散步时与女儿进行了一次长谈，为女儿讲清了道理，纠正了女儿将要出现的偏差。

初三毕业前，许兰自己以为学习成绩好，升重点高中没问题，没有按照考前调整学习节律的办法调整自己的作息。这一点也没逃过许兰妈妈的眼睛，许兰妈虽然讲不清考前要调整作息节律的道理，但是知道许兰应该按照老师要求去做，于是许兰妈领着许兰，晚上来到我家，让我再为许兰做工作，我为许兰讲清了考前调整作息节律的重要性，告诉她中考是今后高考的一次大练兵，不要轻视它。考出好成绩，进入高中后，才有可以被安排在尖子班，可以和更多的优秀学生同班学习，取长补短，一比高低。

许兰是个听话的孩子，什么事情只要道理讲明白了，她就会做得很出色。许兰的妈妈也是个出色的好妈妈，在妈妈的用心陪伴下，女儿前年取得硕士学位。身着海关制服来我家探望老师，谈话中我又想起了往事，感叹的对许兰说："你有一个好妈妈呀！"

用心陪伴孩子读书，把心用在孩子的品德培养上，用在孩子的优良习惯的养成上；用在孩子地整个学习过程中。心随孩子去上学，应做到时时关心孩子的学习、成长情况。心里不仅装着孩子的生活起居，更须及时了解孩子的思想变化。为此要保持经常和学校取得联系；经常和孩子谈心，每个月至少要和孩子有两次以上的长谈。谈学习、谈心得、谈交友、谈天论地，即便是拉一拉家常呱，也是和孩子沟通思想所需要的。通过交流沟通做到和孩子心灵相通，心心相印，当你不仅是家长，同时孩子也把你当成知心朋友时，他才会给你提供帮助他的机会，你也才能够成为可以帮助孩子的人。心随孩子去上学就可以避免孩子在学习、成长过程中走了弯路，家长还浑然不知的现象；避免孩子走上了歪路，家长才大惊失色；避免当孩子十年寒窗虚度之后，家长才显现出束手无策之状。

2. 经常关注孩子的学习情况，适当指导学习方法

用心陪伴孩子上学，经常关注孩子的学习情况，及时指导学习方法是必要的。除了因为有特殊原因，孩子有些课程没有学会，可以请老师辅导一下之外。一般并不需要请辅导老师长期为孩子辅导功课。因为请某一学科的老师辅导的时候，一定挤占了孩子学习其他课程的时间，容易造成孩子顾此失彼，捉襟见肘的现象，有时甚至得不偿失。

我们夫妻俩人都是教师，女儿上学期间学业一路领先，并不是因为我们为她辅导了多少功课，恰恰相反，自从她上学后，我俩很少辅导她。如果她在学习中遇到了什么难题，只是点拨一下解决方法，而后让她自己去钻研，防止她产生依赖思想。主要的是在上小学之前，在哄她玩的时候为她奠定了一个好的学习基础。同时培养了一个良好的爱学习的习惯。一上学就比同龄的孩子会学习，所以经常受到老师的表扬，在一片赞扬声中，她更是把学习当成了乐趣。由于从小注重培养她力争上游的进取心，学习中如果有谁超过了她，她会像接受挑战一样，下一次一定要赶超对手。还有一点，那就是在生活中，我们通过让她参加劳动锻炼，带着她参观工厂、农村，观察工人、农民的辛苦劳作，训练她的吃苦精神，这些对她日后的学习和生活都起到了一定的作用。

在陪伴孩子读书方面,我们也没有忽视。在女儿上学的这些年里,我的心天天陪在女儿身边。虽然不是事无巨细,件件我都要插手过问,但决不让女儿在求学的路上出现大的偏差。

女儿为人和气,又乐意助人,上初中时,曾经有几个因贪玩而学习较差的同学,常常找她问学习上的问题,和她一起完成作业,女儿也总是很耐心地为他们讲解问题。时间一久他们的学习倒是有了进步,但是他们的贪玩也在影响着晨蕾。我发现这个矛盾后,及时给女儿指出了此事,要求她帮助同学不应只是给他们讲解学习上的难题,还要帮他们纠正影响学习的不良习惯,更不能让他们的不良习惯影响了自己。我还亲自抄录了《明日歌》,送给女儿:"明日复明日,明日何其多,我生待明日,万事成蹉跎。"并让她转送给她的那几个同学。女儿是个比较理智的孩子,很快就纠正了刚刚出现的小偏差。

女儿上初中后,作文总是写得不理想。针对这个问题,我为她选购了一些辅导材料,并教给她写作的要领。每当老师布置了作文题目之后,我不论工作多么忙,总是挤出时间抢在女儿写作文之前,先写一篇示范作文,拿给女儿作参考,叫做抛砖引玉吧。这样做有两个好处:一是用自己熬夜认真写示范作

文的表率作用,影响孩子要有点吃苦精神,以及对待作文的认真劲。二是让她通过阅读示范文,从思路及文章结构上得到启发。就这样,女儿对作文逐渐有了兴趣,并曾在作文课上受到老师的表扬。从此,女儿再写作文,就有了自信,作文水平有了显著的提高,为学习及工作奠定了基础。工作后女儿常做些文字工作,撰文简捷通畅,得到领导和同事的好评,2001年在自撰文稿的演讲比赛中获市局亚军。

女儿上初二时,正值各种辅导资料泛滥之际,学校随教材配发了许多,其中有新华书店配发的,也有教研室印发的,各任课老师把自己认为好的也推荐给学生购买。书太多太乱,读不过来,连书包里都有点装不下了。我注意到这个问题后,问明了哪些是老师一定要求做的,哪些是老师并没做什么要求的,我把所有辅导材料仔细翻看了一遍,果断地为她削减了一大半,只保留了正规出版社出版的一套,并明确告诉她,作辅导材料上的题目,要和课本对应的章节一同使用。在学深学透课本的前提下,先做课本上的例题、习题,而后再选做辅导材料上相应的题目。对于辅导材料上一看就会的题目,而且又是教材上重复出现的内容,即使是老师布置了,也可以不做。起初女儿担心不完成老师布置的作业会挨批评。我给她分析了教师布置作业的意图,以及批评同学的目的之后，她开始试着不完全完成老师布置的作业，一次、两次都没挨批评，几次之后各科老师都没批评她，后来反而从侧面听到老师们的议论："晨蕾这孩子做作业比较灵活，不该做的她不做，重点题、难题她做得都很出色。"听了这些话后，女儿放心了。我又进一步说明了做作业与学习基础知识的关系，她从此明确了做作业的目的，看书学习与完成作业安排得就更合理了。

3. 适时与老师保持联系，细心陪伴孩子健康成长

用心陪孩子读书，就是要对孩子的成长多加关注，家长和教师加强联系是十分必要的。联系中，相互了解孩子在家、在校的全面表现，协同对孩子进行教育，保持家庭教育与学校教育的一致性与互补性，是保证孩子在学习道路上不走弯路或少走弯路的重要措施。决不是像有些学生家长所想像的那样，只要把孩子送进学校，或想方设法送进重点学校，就盲目地以为可以放手不管了。

近些年许多媒体为了改变过去教师"臭老九"的称号，为教师冠以"人类灵魂的工程师"、"园丁"之类的美称。这种称号的确促使教师更加自重。细思量："工程师"、"园丁"不过是从事工业、农业的一种职业而已。而实际上，从事教师这种职业的人，不过

是高考时升入师范类院校，毕业后又进入了教学一线的普通人。

我不否认，多数教师是称职的，他们对工作尽职尽责，能够全面了解学生，全面关注每一个学生的成长，并且能主动与有关家长保持联系，求得家长的协助，共同努力教育学生。

同时，也实言相告，从某种程度上讲，有些教育工作者，主要是为了生计而从事教学工作，上课便上课，下班便下班。通常情况下极少与学生有思想交流，每天只是课堂上四十五分钟的知识传授与接受知识传授而已。

因此，无论孩子所在班的老师负责与否，家长都要了解学校，了解老师，了解孩子近况，时时关心孩子的学习、生活以及思想情况。做到“知已知彼，百战不殆”。

说到这些，我想起了赵树理在《田寡妇看瓜》中的一句家常话：“南坡庄上穷人多，地里的南瓜豆荚常常有人偷，雇着看庄稼的也不抵事，各人的东西还得各人操心。”对于学生成才来说学校与家庭，各应负什么责任？目前这个问题还比较模糊，可以说都应该负全责。实践中也有全不负责的现象。到了分辨责任的地步，往往是教子失败之时，为防患于未然，各人的孩子还得各人多操一点儿心为上。

詹天佑采用两个火车头一推一拉的方式让火车顺利上坡。电饼铛采用上、下同时加热的办法促进大饼成熟。如果学校教育与家庭教育的两个力形成一致向上的合力;从两个方面配合加温,那才是最理想的方式。

在教学实践中我观察到,教师的责任心有强弱之分,家长对孩子的关心程度也有很大差别。如果一方面家长粗心,另一方面老师又不太负责任,那么就置孩子于放纵的境地了。所以若从对自己的孩子负责的角度说,不论孩子的老师是否负责任,家长主动找到学校与老师常有点相互交流是必要的。这样有利于学校教育与家庭教育的一致性与互补性的实现。这算是我——一名老教师,对学生家长们说的一点悄悄话,也算是实话实说吧。

1976年我教过一个学生叫王山,数学成绩一塌糊涂,寒假中我抽出时间主动找到他家,想为他补习一下功课,顺便检查寒假中我布置他复习的情况,不料我一进他的家门,他就躲入里屋不敢出来了。待我说明来意,王山的爸爸却说:“这次数学考得这么好,我得谢谢老师。俺王山儿从来没考过90多分呢。”我觉得这其中有误,就让王山的爸爸找出《寒假成绩通知单》来看,原来王山把只考了37分的数学改成了97分,看后让我哭笑不得。这一私改分数,

王山的爸爸不仅奖励了王山三挂鞭炮，还放纵王山玩了多半个寒假。这一放纵，使本来就该奋起直追的王山又荒废了许多时日。好在通过这次互相了解，协同教育，以及后来王山的努力，他的数学有了一定的进步。如果家庭与学校早有联系，那么王山的学习肯定不会是那个样子。

还有一些厌学的孩子爱逃学，在家每天背上书包按时进出家门，说去上学了，对学校却捎个假条，自称生病了，整日在外游荡。对于这样的孩子，如果学校和家庭缺乏联系，就有可能使学生荒废学业，而且极容易和社会邪恶势力混在一起而变坏。

1982年9月，本市的某中学，有一个班同时被公安局抓走了六名同学。这六名学生都是平时不爱学习，在班里经常违犯纪律的同学，他们常常请假或旷课，干什么去了，学校老师不知道，其家长也不知道。家长和学校缺少联系，互相不通消息。孩子每天背着书包离开家门，家长就认为他去上学了。去没去？到学校学了些什么？从不过问。该班班主任也不太负责任，学生旷课、请假，他认为是减轻了班里的负担，反正他们来了也不学习，还影响别人。平时老师居然希望那几个调皮生不来上学，甚至有时候作为一种惩罚手段而下令："某某同学你一周不许进教室。"长此以往，这几个人和社会上的一些惯偷结成了团伙，他们偷工厂，偷私人住宅，甚至有人偷了武装部工作人员的手枪。

这些人对社会来说成了一害。对个人来说，也断送了他们的前程。

据我多年来对这类变坏了的学生的观察，准确地说，学校负有教育责任，家长也难推卸其教育及管理责任。

1992 年高一级八班有个女生，入学考试成绩不够，是个扩招生，家长千方百计地凑足了那笔数目不小的培养费，把她送入二中后，就放心地忙着去挣钱了，以填补因凑学费而产生的亏空。开学一个多月后，家长才知道女儿从报到那天之后，就没再到过学校，整天在外游荡，新买的课本还没翻开过呢，就都丢了，反而学会了打麻将。家长知道了这些情况后，懊悔地泪流满面，傻呆呆地站在学校门口，一句话也说不出来。

别说孩子在学习上的某些大事，就是思想上的某些变化，家长通过和学校联系也应该了解清楚才是。了解清楚他们的某些思想变化，及时疏导思想问题中的小疙瘩、调整心态，及时解决问题，或防患于未然。以保障孩子在求学的道路上，不走或少走弯路。至少要保证孩子，不至于走上歪路。

2003 年 10 月本市某校，高中二年级的学生纪

某，在自己家中上吊自尽，死后人们在他留下的遗书中，才了解到该生只是因为与一个同学有了点感情纠葛，以及学习成绩总是不理想，自己长期闷闷不乐，久而久之产生了轻生的念头。其实该生学习成绩从全市来说还属于优等生，是个一流大学生的苗子，只是因为没有人了解他的这些思想问题，及时为他排解心里的苦闷，才一时想不开走上了不归之路。

2001 年一天早晨，文化宫附近东湖的岸边飘起了一具男尸，他是本市某学校的一名各方面表现都还可以的学生，在遗书中发现，他也仅仅是担心自己升学无望，长期徘徊在“生不如死”的选择之间，因为无人发现他的这些怪异的思想倾向，更无人及时为他排解这些思想问题，可怜他年仅 18 岁，正是人生最美好的时光，寻了短见，叫人好不心痛啊！

发生这类痛心事件，做家长、当教师的应该深刻自责，我们本不是什么官，在教子问题上，不应该当官僚。我们理应做孩子的知心朋友，成为他们的良师益友，做到真正地理解他们，了解他们，关心、教育他们，保护他们。这是我们的责任与义务。我们应该尽职尽责地把心放在孩子身上，耐心陪伴他们读书，细心陪伴他们健康成长。

4. 正确看待分数，重视基础知识、基本技能的培养

多数学生家长，看孩子的学习成绩，只看考试考了多少分，比上次考的多了？还是少了？如果是考了 90 多分，就满意了，如果考了 60 来分，那就要批评孩子。邻居大李，在一次考试后，听说她儿子只考了 63 分，顿时火冒三丈，追打儿子，追到学校。见了老师才知道这次试题太难，63 分已是班上的上游成绩了。可是大李仍然装出妈妈的威严，强词夺理地对儿子说："下次得给我考百分"。回来后悄悄对我说："我这才知道不能只看分数了，还得看名次。"其实大李对学生成绩的认识仍不全面。

还有一个真实的笑话，我的街坊有个叫张云的男孩儿，不爱学习，而且比较淘气，学习成绩总是扛榜(成绩排在全班最后一名)。张云妈无计可施，对儿子许愿，如果下次考试能提前一名，就奖励五元钱。到了期末，考试成绩是倒数第二名，于是张云向妈妈要奖金。张云妈一问老师才知道，本学期下半学期刚转入一名学习很差的男孩儿，是随父母由军队转业归来的。由于考试的内容与原来学的不太衔接，考试成绩比张云还少了 2 分。所以，张云才成了班上倒数第二。张云奖金没要到手，却挨了妈妈一巴掌，他一边哭一边嘟囔："妈妈说话不算数。"

事实上,全面正确地看孩子的学习成绩,不仅要看考试分数,看该分数在班内的名次,还要看孩子所在的班在年级的教学成绩,更进一步,应了解该校在社会上的教学水准。更主要的还是从根本上看孩子对基础知识的掌握程度,对基本技能的熟练程度,看孩子分析问题、解决问题的能力。因为将来孩子是面对全社会,参与社会竞争,是要凭真才实学服务于社会,创造自我,建设祖国的未来。从这个角度看孩子的学习,只要他知识学得扎实,用得熟练,就可以了。至于每次考试都带有一定程度的偶然性的分数,以及名次,其实并不那么重要。也就是说,要重视分析问题解决问题的能力的培养,不要把分数、名次当作学习优劣的惟一标准。

关于上述观点,我对我的学生是这样要求,对我的女儿也是这样要求。女儿上初一时,曾出现过一次偏差。那是在刚刚跳级升入初中时,她面对比自己高一个年级,又都是全市各小学考入省属重点中学的同学们,担心自己成绩落后,所以把考试分数看得重了些。在这个阶段,她无论是主科还是副科,惟恐成绩不如人,都学得很死板,采用死记硬背的学习方法,虽然在那一段时间内成绩能保持前列,但主科成绩并不突出。我料定她长期这样学法,最后必然要落后。针对这个倾向,我帮她找出了学习方法的不足之处，教她正确的学习方法——五环式学习法。指导她对五个环节中预习、听课、作业、小结、复习，各学习到什么程度，进一步辩证地分析：现在不追求高分，是为了扎实地学习基础知识，掌握基本技能。只有双基过得硬，才能最终取得实实在在的好成绩。为了在大考时取得第一，就应舍弃平时小考中的斤斤计较。从学习战略上向主科倾斜，对待主科学习，要求课内的内容学扎实，课外学习配合课内所学进行拓宽加深。每次考试不论大小考，丢分不能超过5分。而副科学习，只要求学懂就可以了，平时小考时，考个七、八十分就够了。要多参加点实验活动，以配合课堂教学的不足，用以辅助学习。在学习的战术上，也就是具体到每节课的学习，都不能含糊，都要按五环式学习法，认真完成五个环节。但是可以根据学习的战略思想，为各科学习合理地安排时间，主副科的自学时间，应有长有短。对于副科中需死记硬背的东西，可以先不必抓得很死，留待毕业大考复习时再系统地记忆。

逐步调整了女儿的学习方法后，她的学习步入了正轨，有条不紊地按照五环式学习方法学习。在休息、体育锻炼及学习时间安排上也遵循一定的节律。最初她对五环式学习法也是不太习惯，先是强制自己适应，逐渐地由于学习各科都有了规律、有了

计划与目的,使学习与生活安排地有条有理,学习成绩稳中有升,逐步地自我感觉也轻松多了。虽然平时的考试总成绩并不突出,但主科成绩却渐渐地在全年级中突出出来。按照这种学习方法,直到初中三年级下学期,她对副科稍一抓紧,系统地把那些要考的、该背的、强化记忆了一番之后,副科成绩也就显著提高了,这就使最后各次升学练兵考试中的总成绩越来越突出,令原来那些学习方法死板的竞争对手追之不及了。最后在全市的毕业会考中,以高出第二名 20 多分的总成绩夺得总分第一,以及主科成绩第一。

女儿 14 岁离家到济南读书,我对她的学习习惯以及处世道德都比较放心。然而我的心思仍旧一直陪她读书,丝毫没有放松。当时的电信业还不像今天这样发达,我们还不能经常通过电话交谈,书信往来就成了我们的交谈工具,如果需要说的话很多,那就坐上火车去看她一次,顺便到学校拜访一下老师。

女儿在济南邮电学校那一段时间,学习生活一直很正常,学习成绩也总是处于领先地位,我注意到她的学习方法还是初中那一套,只满足于学会课本上的知识,就算完成了学习任务。于是我通过写信,给她介绍目前国内外通讯科技发展的趋势,以及仍在高速迅猛发展的势头。预见性地指出你们现在课本上学的所谓新技术，到你们工作之后就有被更新淘汰的可能，所以你们的学习不仅要把课本上的知识学懂，还要多读些报刊杂志，以及反映新技术的书籍。把握通讯科技发展的动向，并且在学习中专课程的同时，就应为进一步深造做好准备，立志在某一方面发现、发明点什么。为此利用暑假休息时间，我联系了拥有世界上最先进通讯设备，以及技术力量比较雄厚的电信机房、技术支援中心，带她去参观、考查，看看那些先进设备，了解一下它的技术性能，听高级工程师讲这些设备的先进性，讲世界各大公司之间技术竞争的状况。参观后她发现自己所学的东西太少了，回校后不仅调整了学习方法，学习劲头也比先前更足了。

直至女儿以优异的成绩中专毕业，参加工作后，学习高等函授时，我的心依然在陪伴她读书。这时的陪伴主要是和她探讨继续学习的努力方向，制定本科毕业后继续深造的计划，合理的安排工作、学习与休息，更多地则是适时地提醒她“该离开书房到室外活动一会了”，或是“该关灯休息了”之类的无关紧要的话了。

多年来，我用心陪伴我的女儿读书，也用心陪伴我的学生们读书，他们在我身边时，我关心帮助他们，离开以后，我的心仍然在他们身上，或借书信往

来,或是节假日他们回来探望时,我总会细心地嘱咐他们,要发扬哪些长处,弥补哪些不足,向哪个方向努力等。我用心陪他们读书,他们都视我为老师兼朋友,现在我的这些朋友已是遍布各地了。

实际上,陪伴孩子读书的时间可长可短,指导他们的内容可多可少,都视其具体情况量力而行,尽力而为。不过"一心一意""始终不渝"这几个字在陪伴孩子读书的过程中,是不可忘记的。

在用心陪伴孩子读书,用心陪伴我的学生们读书的这许多年里,我有这样的体会:"幼年是此岸,成年是彼岸,两岸间有座用书架成的桥,这桥是座魔术桥,因过桥的方式不同,所达到的彼岸也是截然不同的"。

"读书,老实人用全身心在读,日复一日,读得很辛苦,也很幸福;顽童仅用一只眼读,另一只眼偷闲,年复一年,看到的是前半生的恍惚,以及后半生的涩苦。"

读书是这样,陪伴孩子读书似乎也是这样。

七、帮助孩子选择努力方向

“十月怀胎,妈妈不易”,是说生育一个孩子要付出一年的辛苦。其实,教育子女却至少要付出十几年的心血。如果能教育成才,那就更加不易。从另一个角度说,会生儿育女者不少,然而,善于教子德智双馨者则不多。而在教育子女中,正确地为他选择一个努力方向,则是长期困扰家长们的一个难题,也是培养孩子成才的一个重要课题。

有人说:“人生就像一片落叶,随风飘摇,幸运者随风逐浪冲向巅峰,不幸的人被漩涡湍流卷入水底。”对孩子的前途,持不可控制的看法,任其自然发展。甚至有人相信宿命论,说“人生由命,富贵在天”。其实,这是一些失职的家长们推卸责任的托辞。借以解脱养而失于教育的过错。

事实上,每个孩子在成才的道路上,都有好的境遇与不好的境遇。当厄运降临时,能够回避的得当,机遇出现时能驾轻就熟地把握它,则取决于一个人的才学。这种才学来源于平时学习中的选向与选向后的拼搏进取。如果把人生比做一条船,那么,今日的世界就像那一望无际、汹涌澎湃的河海。训练有素的船老大,借风扬帆,乘风破浪,巧妙地躲避礁石、漩涡,驾船游戏于河海之上。而那些缺乏动力的小

舟，只能在水中做无序漂流，任凭风吹浪击，却无力改变自己的命运。

那么，怎样为孩子选择努力方向呢？这个话题比较大，很难一句话说清楚，事实上因为每个人的天资与兴趣不相同，他们将来面对的社会经历又不可能一样，每个人都有自己各不相同的路，所以，人们选定的努力方向是不可能一致的。

说不一致也有一致之处，那就是不管你的孩子将来干什么，都要有一个好的道德修养，这是他这一生中做人的根本。不论你的孩子日后成为哪方面的人才，基础文化知识必须打得扎扎实实，也就是说九年制的义务教育一定要抓好。还有一点要求也是一致的，那就是要锻炼一个健康的体魄，这是人的一生中履行各项职责、完成各项任务的基础。当今流传这样一种说法，身体健康是“1”，其余各种能力均为“1”后面的“0”。在阿拉伯数字记数法中，“1”后面的“0”越多，该数的数值越大。如果“1”不存在了，那么，后面的“0”不论有多少位，其数值均等于“0”。我在此复述这种说法，是想警示当前有许多家长忽略孩子的身体健康，为了追求升重点，考名牌，挤占孩子休息与体育活动时间，过多地安排学习文化课的时间，其做法是错误的。总而言之，德、智、体、美、劳全面发展的原则，是所有孩子一致的努力方向。

下面所说选择努力方向的话题，主要是指两个时期的学习选向。一是幼儿时期，视孩子的天资与爱好为他选点音乐、舞蹈、体育、美术之类的爱好。再就是初中毕业后，要视孩子的天资与社会需求，为他的深造或就业，帮他选择一个努力方向。选择努力方向时，要提倡另辟蹊径，不一定非要随千军万马去挤独木桥。

1. 为幼儿选择努力方向，要考虑孩子的兴趣爱好与可能性

幼儿时期的选向，要了解幼儿的天资，培养兴趣，并进行适当地教学与训练，经过试培养，如果有培养前途则应着力培养，如果没有培养前途则应及早改弦易辙。这种选项可以是一项，也可以是两项，视孩子的天资和将来社会需求而定。选得好，孩子学有所成，选不好会给孩子造成某种程度上的失败。

我有个同事的儿子叫石成，是个活泼的男孩。幼年时正值本市学习钢琴热的时候，石成妈一心想把他培养成钢琴家，为儿子买了钢琴，请了钢琴教师，这些投资对于一般工薪家庭来说，在当时似乎是个天文数字。可是石成妈省吃俭用，供儿子学习钢琴十余载，到高中快毕业的时候，石成的钢琴考级，仍不能过八级。文化课的学习，也因学练钢琴耽搁时间太多而受到影响。面临高考，石成妈很是着急，

带孩子到济南找专业教师辅导，仍无多大长进。后来石成妈又带他进京拜名师指导了一段时间，专业仍不能过关，石成妈有些诧异了。而北京的钢琴老师指出，石成手指略短，乐感较差，并言："我对他这方面的天资有点缺乏信心。"话儿虽然婉转，石成妈还是像被泼了瓢冷水一般。她带孩子离开了北京，回来后向我诉说："现在的钢琴老师只顾赚钱，没人对孩子的前途负责，先前的几任钢琴老师，只顾按课时收费、授课，只说儿子的优点，只说又有进步，从来无人说出石成天资不足的这一弱点。"我则平心静气的帮她分析了石成失利的原因。由于我们之间常开个玩笑，所以也不怕她恼我。交谈后，我拿出一则寓言——《老鸭教子》给她看。寓言中说的是："老鸭子望着小燕子春来秋去，筑巢檩梁之间，享尽天南地北的自然风光，对自己的一生感到了悲哀，发誓要让孩子学飞。她每日和孩子一道起早贪黑，认真操练：'目标，蓝天！各就各位——预备——飞！'小鸭子的试飞一次又一次地失败了，哭诉着学习的艰难，拖着跌伤的翅膀哀求：'我实在不愿再学飞了。'鸭爸鸭妈都寒心地哭了：'这可怎么办呀！这孩子太不争气了，学习不用功，也不刻苦，不学飞还有什么前途？懒惰的孩子只有贫穷与其终身相伴啊！'一边哭一边唠唠叨叨数落个没完。小燕妈妈看明白了这一切，诚恳地告诫老鸭子:‘燕子能在蓝天飞舞,追逐飞虫;鸭子善在水中嬉戏,捕食鱼虾,各有所长。只要选准了适宜自己的位置,能尽展其才者,就算是本行业的状元。’老鸭子汲取失败的教训,听取了小燕妈妈的忠告,送小鸭子进了游泳训练队。”石成妈终于明白过来了,她明白了石成为什么长期训练不见提高的原因,后悔当初为孩子选错了努力方向。石成首次高考失利后,改学文科,复课一年,终于考取了德州学院中文系专科。石成对于学中文比较感兴趣,专科毕业后又考入中文系本科继续深造。

我有个朋友的女儿名叫媛媛,是个活泼漂亮的小姑娘。她从小就喜欢唱歌跳舞,在妈妈的引导下,从小学到中学一直热衷于唱歌跳舞,妈妈也不惜耽搁她文化课学习,送孩子去上业余舞蹈班,找音乐老师辅导声乐。上高三时,媛媛的妈妈经过熟人介绍到山东师范大学找音乐教授指导孩子声乐,音乐教授指导一段时间之后说孩子音域太窄。找舞蹈方面的教授指导媛媛舞蹈,教舞蹈的教授说媛媛个头有点儿矮,训练多长时间也难以被舞蹈专业录取。媛媛妈泄了气。可是由于多年的歌舞培训耽搁功课太多,文化课短时间内又补不上来,高考时,她落榜了。因找不到愿意聘任她的文艺团体,只好在家待业,至今已四年有余了,媛媛仍然没有用武之地。

为孩子选一项或两项音、体、美等方面的努力方向，既要考虑到孩子的天资以及将来的社会需求，更要及早估计到孩子这方面的培养前途如何。如果在某一试选项目上估计到孩子无多大培养前途，或者及早改弦易辙，或是仅作为业余爱好，便不要在此过多地耽误时间，已免影响了孩子的正常发展。

美术教师老胡，画虎远近闻名，人称他“虎老师”，同龄的同事们则称他“老虎”。胡老师有两个儿子，长子胡肖是我的学生，在数学课上有时他总是低着头画些什么，我走到他跟前，他浑然不知。原来他在画老虎，画得入了神儿。同学们见此景，悄然无声地看着我，都以为我要批评他。当他感到周围的环境有点不对劲时，才抬起头来，看见我，慌忙站起来。看他那尴尬劲，同学们发出“嗤、嗤”的笑声。我没有当众批评他，而是课后给他耐心讲学习国画不能放弃基础文化课学习的道理。胡肖从此学习文化课比较认真了。胡老师懂得因材施教，自幼着力培养胡肖的美术特长，高中毕业时帮孩子选报了美术院校，主攻国画，今天的胡肖已是子承父业，他所画的国画，尤其是工笔画老虎、仕女图，已有较高水平，前不久已正式出版了自己的首本画集。

胡老师的次子胡跃，性格活泼，手头比较灵巧，老胡则在剪纸艺术方面着力熏陶，作为业余爱好，胡跃现在也已有多件作品见诸报刊。胡肖与胡跃都学有所成,这与老胡当年能正确的为孩子选择努力方向是分不开的。

还有个女孩叫丁红,是通过朋友介绍到我这里来补习数学课的。丁红的爸爸是一位性格直爽的工人,见面就说:“丁红这孩子,从小就不爱学数学,现在数学实在跟不上趟了,请你帮帮她吧!”我利用业余时间一边帮她补习数学,一边教她五环式学习方法,帮她调整学习节律。通过半年多的努力,这孩子学习步入了正轨,各科学习成绩都有了一定的提高。我根据丁红的文化课学习程度,根据她从小就学练钢琴的具体情况,帮她选择了报考音乐专业的努力方向。经过丁红的努力,1994 年顺利地考入我校艺术班学习,沿着这个努力方向,又经三年不懈努力,高中毕业后,丁红考上了山东艺术学院,现在已成为专业知识比较优秀的一名大学音乐教师了。

幼年时期,能正确地为孩子选一两项音体美之类的爱好,起码可以丰富孩子的业余生活,可以陶冶情操,学得好,也可能在求学的问题上对他有所帮助。甚至可能成为他日后生活或工作中的一根支柱。

2. 为求职而选向，应考虑孩子的特长与未来社会需求

初中毕业之后，孩子是继续上高中、考大学走考研之路，还是向培养专业技师方向发展，此时地选向，既应照顾到孩子的志向，又要预测未来社会需求，根据需要与可能确定努力方向。选得好有利于日后孩子的择业以及择业后的继续发展。

我的孩子应属于那种天资平常的女孩。没什么特长，幼年时我在陪同她玩耍时就常常守着她吹笛、吹箫，借以熏陶她的音乐兴趣，对此她不太感兴趣。虽曾学过吹箫，但没学多久就弃之一旁了。在音乐方面我的诱导算失败了，但我没有强求，后来就不再在这方面努力了。

我观察到女儿在学习算术和识字方面却很上劲，于是我就在陪她玩耍的时候，教她一些算术、语文知识。上学后她对学习各科文化课都感兴趣，尤其上初中后，英语学得比较出色。除完成正常学习任务外，还主动地买了《走遍美国》等英语学习材料以及外文版的小说，自己一边查词典一边阅读。我则热情给予支持。在我的支持、鼓励下，女儿的文化课从小学到初中学得都比较扎实。

初中毕业后，中考被济南邮电学校计算机通讯专业录取。对于女儿是走上高中——大学——读研之路;还是走上中专学专业——工作——再学习之路的问题,我们一家三口进行了充分的讨论。由于女儿对计算机通讯专业感兴趣,我经多方面论证后,支持了她的选择——上中专。当时我分析到女儿的前途,就她的学习基础来说,如果继续学习三年,高中毕业后考个国家一类大学是有把握的。然而当时的计算机通讯专业是个新兴专业,国内外计算机通讯技术都是刚起步,正处在更新旧通讯设施的阶段,此时大学计算机通讯专业和邮电学校计算机通讯专业所学教材几乎相同,如果支持女儿上邮电学校,中专毕业后继续深造,仍然主攻计算机通讯专业,就比高中毕业后再上大学可以更早、更多一点学得专业知识,也可以绕开当今专为高考而过分加深和搞繁琐了的那部分高中知识的学习。

在送女儿去邮电学校的途中,我和女儿约定,到邮电学校试学三个月,三个月内如觉得邮电学校不好,可以随时回德州二中上高中。三个月后女儿说那里一切都很正规,学习气氛也较浓厚,于是女儿开始按照我们商定的努力方向学习——主攻计算机通讯专业,并侧重英语学习。因为计算机通讯是项新兴技术,许多设备多来自讲英语的国家,新设备的说明书及许多技术资料也多为英文书写,将来这方面的专业人员可能会短缺,主攻该方面能够成为将来

通讯专业的有用之才。这样,女儿放弃了考大学的机会,抄近路进入了计算机通讯专业学习,并侧重本专业的英语学习。毕业后供职于电信行业,并按计划进行了再学习,现在移动通信公司工作。

在我国这个"社会主义的初级阶段"中,许多事都在探索中变化着,许多政策性的潮流在社会上作短期流行。20世纪70年代,人们凭政治出身混迹于世。80年代后期,政策又向文凭倾斜,那时只要有一纸大学毕业证书,不论有没有真才实学,就可以从山村调进大都市,如果一个单位翻遍了档案室,只找到一个大专毕业生,那么,该单位突击提干的对象也就非他莫属了。于是社会上掀起了文凭热的潮流。然而随着时间的推移,随着社会的进步,随着教育事业的大发展,大学逐年扩大招生,毕业生逐年增多,持有高等文凭者,逐渐地会像红叶落秋风一样,堆积的满山遍野,比比皆是。

根据教育部提供的数据,2003年中国各类高等院校毕业的大学生人数增加了46%,2004年将再增加68万,大学毕业生总数将达到280万。2003年毕业的212万大学生中,还有30%没找到工作(数字来自2004年2月19日《参考消息》)。由于各地高校都在扩建、扩招,今后大学毕业生、研究生都会逐年递增。这个现实告诉我们,学历,学位已不再是通往成功的护照。展望未来,中国社会将进入一个人才竞争的时代。社会将摒弃陈规陋习,人们要凭自己的真本领求生存、求发展。有德有才者,单位会出高薪竞相聘用。无才的人,即便是有文凭进入了某个效益较好的单位工作,在那里也不会再有什么铁饭碗可端。这就是我们的子女所面临的未来,这也是我们帮孩子选择努力方向时所应该考虑到的现实。现在如果还有人抱着孩子只要混一张大学文凭就满足了的思想,那就错了,因为未来社会看重的不仅是文凭,而更重视他们的水平与能力。因此,当今为孩子选择努力方向,既要注重文化知识的积累;提高道德品行的修养,还要注重个人能力的训练与社会需求的预测。

我的学生文博,其父辈行医,兄长也学医,高考志愿他又选报了医学专业,大学毕业后进入市人民医院工作。他对医学研究比较执着,一边工作,一边不忘自己的努力方向,继续学习研究。三年后考取山东医科大学硕、博连读资格。由于所在医院缺人手,院方领导不同意放人,文博认识到自己现有学识可以应付当时,但是难以面对社会的飞速发展。他为了自己的专业,毅然决定不要工资,不要档案,也要继续深造。现在不仅获得了博士学位,并在"癌细胞体外培植"等领域取得了领先地位,在医学界取得

一席之地。

亚历山大有句格言“成功的诀窍，只在于进退适时，取舍得当。”文博在选择学习的努力方向上，可以算是敢于放弃、勇于进取的成功范例。

再如学生王彤，中学时喜欢学英语，高中毕业后选择了地质专业，大学毕业后分配的工作不能尽展其才，于是他继续沿着选定的努力方向自学。在参加托福考试中，以全省最高分被美国一所名牌大学录取，赴美攻读博士学位，并享受美国国家提供的全额奖学金。现已学有所成，留美作地质科研工作了。

学生李洪，高中毕业后选择学习电信专业，高考只考取专科，毕业后只是个一般的技术人员。但他矢志不移，自学专业知识，自学英语，钻研电信技术，因为电信局大量引进美国的新型设备，需挑选二人赴美培训，想去的人很多，领导采用考试专业知识及英语水平的方式决定人选。由于李洪专业知识踏实，所以通过了考试，获得公费带薪出国进修两年的机会。归国后继续沿着自己的努力方向攻读，现已取得硕士学位，并在局内被评为拔尖人才，已经是该局技术方面的权威人物了。

3. 需要即人才，选择努力方向提倡另辟蹊径

上中学——考大学——考研，这是一条成才之路，是当今大多数人理想的一条金光大道。能适应现行考试制度的孩子过关斩将,取得高学历,被传统观念视为“人才”。不能适应现行考试制度的孩子,折戟考场,被传统观念所蔑视,家长也感到没面子。巨大的社会压力,压得他们抬不起头来,大大的影响了这部分人的正常成长。其实在未来社会中,什么是人才?答曰:“社会需要就是人才。”一个人只要保持一种积极向上的奋斗精神,把握自身的特点,正确预测未来社会需求,准确选择努力方向,并在此方向上努力学习,争取做到最好,就会“三百六十行,行行出状元。”

当今我国在人才培养方面,有一种失衡现象。由于传统观念的作用,多数人都想方设法让孩子考大学、读研究生。致使大学毕业生越来越多,已出现供大于求的现象。许多大学毕业生找不到理想的岗位,又没有从事技术工作的一技之长,成为社会和家庭的一大难题。而另一方面,中国社会的发展又需要一批学有所长的技工、技师。这方面的人才已成为“凤毛麟角。”有报道,浙江省火电建设公司,出价月薪3000元,招一名中级电焊工,却招不到人。《中国教育报》2003年8月31日第一版刊登题为:《急!北京急需中职人才》,报道这年北京中专毕业生95%就业,部分2004年毕业生已被预定。另据报道,在广州、深圳,高级钳工远比研究生走红。这种

拥有实用技术比拥有理论知识更吃香的状况，几年之后，会比现在更加明显。这是传统观念驱使大多数人都去挤“高考独木桥”而留出的一片“淘金空档”。所以说，家长若根据孩子的特点，为其选择学习一门专业技术，走“学有专长的技工——技师——再学习——成为高级技师”的成才之路，也不失为明智之举，正所谓“转念一想天地宽。”

孩子学习不好，不一定没有出息，孩子考不上大学，不一定没有前途。要知道，当你认为“山穷水复疑无路”时，登高一望，往往会出现“柳暗花明又一村”的广阔前景。人们只要不钻死胡同，就会发现“条条大路通北京”。

如果孩子通过努力，能够掌握农业技术，将来成为现代化大农业的经营者，或出任中、高级农业技术人员，那是一个很有发展前景的事业。如果孩子通过职业培养，能成为一名中、高级汽车、摩托车维修技师，无疑对于中国飞速增长的汽车、摩托车维修业务，也绝对是非常“抢手”的人才。一个掌握自行车维修业务的小伙子，开一间自行车专卖店，挂牌“专业维修自行车”，他的年收入就远比我们这些拥有大学毕业证，干了几十年的老教师丰厚得多。掌握了修楼盖屋技术，并研究透了市场运作的建筑开发商们，绝大多数并没进过大学校门，他们照样让一片片高楼拔地而起，照样为社会做出了较大的贡献。谁能说他们不是人才?

当今的许多私企董事长们，大多数人也没有高等文凭，而他们只是研究透了某个领域，在那一领域内他们就是秀才，是专家，他们亦应是当今社会真正的人才。最近有一位企业家对于择业与文凭做出了这样一段精妙绝伦的论述，他说:“关系是泥饭碗，易碎。文凭是铁饭碗，易锈。本事是金饭碗，增值。”

谈为孩子选择努力方向，举上述事例，并非在宣扬“读书无用”，而是提倡人们在为孩子选择努力方向上，要有务实的思想，要看孩子的具体情况，因材施教，找到一条适合孩子成才的努力方向。

无庸赘述，假如孩子既学到了渊博的理论知识，又掌握了一套或几套实用技术，那么他将成为超级人才。这里还要强调的是，帮助孩子选择了努力方向之后，不论孩子现在学什么，向哪个方向努力，都要鼓励他积极向上，相信他通过努力奋斗能够成功。虽然我们要反对好高务远，但是，任何情况下都不要伤害孩子的自尊心，否则一切选择都将等于零。

萧伯纳有句名言:“当一个人有了充分准备的时候，机会的来临才会发生作用。”也就是说机遇总属于那些有准备的人。在机遇来临时能否驾驭它，取决于人生的两次选择，以及选择后的努力奋斗。而

选择这些努力方向的时候，一般情况下个人的洞察力还属于比较低下的青少年时期，因而这两次选择努力方向的事，就要由我们做家长、师长的去指导。这是我们的责任。我观察到的，根据孩子的天资特长，与兴趣、爱好，以及社会需求，为子女选对了努力方向而成功的实例还很多。这才叫做“天生我才必有用”，也就是说选对了努力方向，矢志进取，机遇来临之时，也就是走向成功之日。

一个学有所长，或在某一方面出类拔萃的人才，机遇常常会主动地叩响他的大门。商朝末年，姜太公垂钓于渭水边，“负命者上钩来”。汉末，诸葛亮隐居于卧龙岗，刘备三叩柴门求贤，是因为他们有治国安邦的雄才大略。这类事在当今也屡见不鲜。那些倒卖人才的猎头公司，常常能把确有一技之长的能人，炒的身价倍增，令我们作家长的羡慕不已。每谈及此类实例，家长们都会产生以己之子取而代之的梦想。梦想之余，倒是应该想到这样一句名言：“与其临渊羡鱼，不如退而结网。”

然而令人遗憾的是那些糊糊涂涂地上了几年学，马马虎虎地度过了学龄阶段，盲目地进入社会的孩子们，当他们发现己不如人，生活质量低下时，已是回天乏力了。像这样没有适时地为孩子选择努力方向以及没有努力学习的失败范例，我们周围也比比皆是，这里就不一一枚举了。

总之，人之初，都是站在同一条起跑线上的，而后天的“学”以及怎样学，学习什么？改变着人们步入社会以后的位置，以及步入社会后一生的旅途。这其中在幼年及初中毕业后的两次选择努力方向，不能说不是个关键的因素。为了孩子的前途，为了民族的兴旺，为人父母者应该下些功夫，动动脑筋做好“帮助孩子选择努力方向”这件事。

八、指导中学生掌握“五环式学习方法”，适时调整学习节律

在和许多学生家长的交谈中，常常有人焦躁地向我询问这样的问题：我的孩子上小学时学习还可以，为什么上了初中以后，就越来越不行了呢？每逢这种情况，我总是先详细询问一下孩子在校以及在家的学习情况、学习方法。据了解，像这类情况，多数学生是因为升入初中后，旧学习方法与新学习内容不相适应，而又没有及时调整学习方法，所以学习成绩越来越差。对待这样的学生，我往往是先挤出一周或更多一点的业余时间，教他适应中学课程的学习方法——五环式学习法，再帮助他制定学习计划，调整他的学习节律。一般经过一段时间的努力，这个问题也就迎刃而解了，学习成绩也能够逐步地赶超上来。

1. 中、小学学习的几个不同特点

小学课程中只有算术、语文两门主课，还有自然与社会两门课，内容都很少，就是算术、语文两门课程中内容也很简单、浅显。小学生的主要学习任务，是在学习知识的同时养成良好的学习习惯，培养优秀的道德品行。

对于学习哪些书本知识，有的孩子逐渐养成了

爱学习与主动学习的习惯，学习成绩良好。有的孩子总是处以被动学习状态，然而一方面因为教材简单、浅显，另一方面小学班额小，而每个老师所教的班也少。老师教学生往往是领着朗读；看着背诵；手把手地教孩子们写字、算算术。并且经常直接检查、督促孩子们的学习。这种细致入微的教学方法，保证了学习处于被动状态的孩子也有了一个好的学习成绩。同时也产生了负面效应，使一些孩子的学习产生了对老师的依赖心理。

孩子们进入中学之后，教材一下子增加至九门，教材中的内容需要分析、理解的内容多了。中学生每班的人数一般也比小学多。中学教师任课的班级一般情况下至少是两个班，有的老师要同时任四～六个班的课程。不用说让他们逐个熟悉每个学生的学习情况，就是把他所教的学生认识过来，也需要很长一段时间，有的老师任课一年多还叫不出学生的名字来。所以说，如果要求中学教师像小学教师那样，细致入微地管理学生的学习，已有些困难。

从另一个角度说，每一个中学生同时要学习九门课程，也同时有九名老师管理着，如果这九名老师，都像小学教师那样细致入微地管理学生的学习，将会使学生无所适从。不仅学生个人的学习计划将被打乱，对于学习中学这九门课程来说也难以协调。

所以中学生学习中学课程必须有计划的主动学习。那些对老师有依赖性，学习缺乏主动性的孩子，由于学习方法与学习内容不相适应，学习成绩下降，也就在所难免了。

这个问题在初中新生中有相当一部分人存在。因此在我教初中时，对于初一新生，首先帮他们解决这一问题，以减少学习中的掉队现象。

2. 适合中学生学习的“五环式学习方法”

在几十年的教学实践中，我根据现行中学教学内容和教学方式的实际，观察众多学习成败的实例，逐步总结完善了一套应对中学学习的方法——五环式学习法。经过多年的实践，试用效果良好，并曾向全市推广。现介绍如下：

五环式学习法的五个环节是：预习、听课、作业、小结、复习。

第一个环节是预习。预习就是自学下一节课老师要讲的课文，做到听课时心中有数。这里有一点是需要解释的，有人担心自学课文看不懂，实际上这种担心是不必要的。因为现行教材在组织编写时就已经特别注重了“便于自学的原则”。所以，教材中不论文科还是理科的课文，都是由浅入深，先易后难，其中的文字讲解都比较详尽，对于一般学生来说只要不是学习基础太差，自学时读懂课文是没有问题的。然而自学本身也并不一定要求把课文全部学透，自学时有疑难的地方，留待明日上课时作为重点听课内容，在听课时解决问题。如果第二天老师讲课后你还没弄懂，就应选择一个适当的时机问老师。你所要问的问题，可能正是同学们也想知道的问题，老师也愿意回答这类有些水平的问题。如果没有预习，那就不同了，像这类疑难点，可能正是听课的时候起初不知道重视它，而当发现它是难点时，老师却已经讲过去了。因此，可能造成对该知识点理解不深不透的情况。

预习时要逐字逐句地推敲课文，理解课文内容。对于理科的预习，读懂课文之后，先认真做本节的例题，把例题弄明白后，再试做课后的练习题。对于其中感到难做的题目，留待明日听课后再去处理。预习要认真，要动脑思考、动手练习，不能走马观花。对于某些易学易懂的副科课文，如果时间比较紧，至少也要读一遍，这样第二天听课会听得顺利些。

第二个环节是听课。听课时要集中精力，思路跟老师讲课相一致，先接受老师的传授，再多思考几个为什么。对于老师讲课的重要内容要作笔记。笔记有两种，一种是随堂简记。讲课中老师对课文解释的关键话语，词义或公式，可以直接写在课本的空白处。另一种是对教材中重点难点经验性的解决办

法，精彩的分析讲解以及一些训练题目，则可以先简单记录，课后再详尽地整理在笔记本中。上课要以听课为主。这里不得不谈及一点，就是要保证听好课，必须是在有预习的基础上才能听得透彻，才有余力作笔记，也知道该记那些内容，不然听课只能是被动地听，有预习的同学主动地听课，与无预习被动听课，两者的听课效果差异是很明显的。

第三个环节是做作业。在做好预习和听课两个环节的基础上，独立完成教材配备的练习以及老师布置的其他作业，学生一般都没什么问题。而且由于有了预习，听课听得就比较明白，完成作业的速度也比较快。至于做作业，首先应该明确做作业的目的，懂得做作业不是为了完成老师布置的任务，而是为了巩固所学的基础知识，巩固所学知识又是为了进一步学习新的基础知识。通过做作业，应用基础知识，巩固基础知识，使所学的知识融会贯通，以利于去解决那些综合性较强的实际问题，以利于未来服务于社会实践。

明白了这个目的性，做作业时就不应只是简单地模仿，而是在透彻地研究问题的前提下结合所学理论，应用严谨的逻辑推理去解决问题。用以巩固所学知识，熟练应用所学理论。

第四个环节是小结。学完一堂课，或者学完一个小章节之后，都要将所学内容梳理一遍，弄清该部分所学知识，以及应用这些知识解决问题的那些方法。通过小结加深印象，完成所学知识在大脑中的首次完整的记忆。小结可以安排在课余时间完成，比如课外活动时，也可以在放学后先回顾一下当日所学。这就像工厂、机关的财会人员，对自己处理的账目要日清月结，又像农民在晒谷场上劳作一天，傍晚要把打下的粮米入库归仓一样，学生把每天所学知识要及时梳理一遍，借以完成第一次完整的记忆。

第五个环节是复习。复习是对所学知识进行系统的回顾整理，也是查漏补缺、巩固提高的过程，是完成再次加深记忆的过程。通过复习把所学知识从书本上、笔记本上以及零散的记忆中系统地整理一遍，达到比较牢固、清晰完整的再次记忆，使之转化为自己的东西。

复习应适当地安排在某一单元或某个章节学完之后进行。还要注意自己的遗忘规律，对于所学的某一个单元或某个章节的知识，应适时地安排在首次记忆还没有被遗忘时，就进行复习。

关于遗忘规律，每个人对各类信息记忆的情况不一样，遗忘周期也不相同，个人应在平时学习中注意总结自己的遗忘周期，掌握自己对各科课程的遗忘规律。复习不能安排在遗忘之后才进行，那样所

需时间较长，不仅浪费时间，复习效果也不佳。

学习中许多学生不知道总结自己的遗忘周期，不能适时地安排复习，往往是到了快要考试时才临阵磨枪。常常又是因为平时没有及时安排复习，许多内容已超过了遗忘周期，再复习起来就费时较长。如果各个章节都是这样，那么复习的时间就不够用了。难以做到系统的全面复习，所掌握的知识总是丢三落四的，应考就是仓促应战了。如此恶性循环，就会形成知识缺陷的负积累，日积月累，年复一年就可能造成积重难返之势。这就是许多不能及时安排复习的学生，功夫没少费，而成绩却不见提高的原因之一。

下面我把五环式学习方法归纳如下：

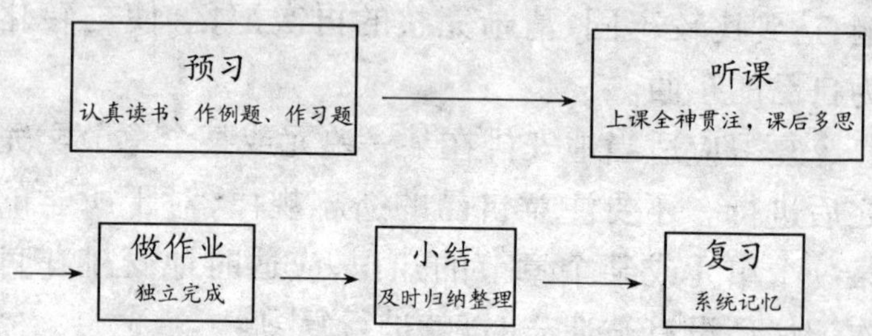

五环式学习法，是根据中学生学习知识的规律总结归纳出来的，是被实践证实了的一种有效方法。实用中我的许多学生（包括我的女儿）一致的感受是：试用五环式学习法最初显得比较忙碌，但坚持一

段时间，学习步入良性循环之后，反而感到学习较前轻松多了。加上按照合理的学习节律，主动地学习，就能有条不紊地、轻松愉快地完成那些原来觉得很繁重的学习任务了。

在学习实践中，有些孩子虽然知道五环式学习方法，但是没有决心改变旧的学习习惯，对于五环式学习方法不准备完全实行之，或使用而不坚持经常，那样，他们难以收到良好的学习效果。有人初步接触五环式学习法，抱着试试看的态度，只试用三五日便浅尝辄止，也不可能收到良好的学习效果。只有横下心来，彻底改变懒散的学习习惯，对于五环式学习法中的五个环节，环环相扣，认真实行一个阶段之后，就会尝到甜头。只有坚持经常，当着学习生活完全步入正规之后，学习成绩才可能稳中渐升。

实行五环式学习方法，欲在学习竞赛中获胜，就像在田径赛场上意欲取得五项全能冠军一样，必须对于五项全能中的每一个运动项目都要认真参加比赛，才有可能在竞赛中摘得奖牌。实行五环式学习方法，必须对于方法中的预习、听课、做作业、小结、复习中的每一个环节都要认真完成，每门功课都如此，天天如此，坚持经常，才有可能取得理想的学习成绩。

3. 学习与休息要掌握一定的节律

说到“学习节律”，这也是个既简单而又常常被人们忽视的问题。许多学生在课外学习中爱犯这样的毛病：集中起半天时间来抓紧学习，挤出半天来痛痛快快地玩。这样的安排，学习时打的是疲劳战，休息时又浪费了许多时间。那么怎样安排学习与休息才算合理呢？古人云：“张而不弛，文武弗能也，弛而不张，文武弗为也。一张一弛，文武之道也。”孟子也说过：“虽有天下易生之物也，一日暴之，十日寒之，未有能生者也。”就是说不论干什么事，都要张、弛有度，暴、寒有节，对于学习来说也应该遵守一定的节律。学习是脑力劳动，学习一段时间大脑就会疲劳，而四肢却很轻闲，体育锻炼一般主要是肢体运动，人在做体育运动时大脑可以得到休息，若能合理地调配二者的活动时间，劳逸结合，就能充分利用时间，既能提高学习效率，又能保障身体健康。

根据学生的生理特点，学校把在校学习的时间已经作了比较合理的安排：每节上课时间是 45 分钟，课间休息 10 分钟，上午的大课间与下午的课外活动时间主要是安排体育活动。课外自我安排学习时间，大致也应遵循这个规律。课外自学或做作业时，可以灵活地掌握学习 30 ~ 50 分钟就休息一次，休息时间在 10 ~ 15 分钟为宜。休息时应以体育锻炼为好，如果是在家中学习，休息时干点家务活，也是很好的大脑休息方式，比方说擦擦地板、洗洗衣服，或者做点室内运动。居住楼房的同学反复地上下楼梯，就是一项很好的运动。

如果在课外自学中缺乏自制力，随意安排学习与休息，比方说刚打开书包才做了一会作业，有人在外踢球，就出外去踢球，一踢就是一两个小时，回来后大汗淋漓，气喘吁吁，至少在半个小时内无法进入学习状态，半天的时间也就这样消失了。此类活动不是不可以做，而是要在完成学习任务的前提下，有节制地去做，有计划地安排，不可一玩起来就忘记了学习，也不能一学习起来就忘记休息。要明确学习累了就要玩一会儿，玩一会儿，是为了让大脑得以休息，是为了更好地学习。

反之，如果是一看书学习就没完没了，伏案时间超过 50 分钟，还不肯休息一下，学习效果也不好。由于大脑疲劳过度，记忆力和理解能力都会降低，就好像用钝刀子割肉一样，费力费时，效率还不高。这样地安排既不利于身心健康，也不利于学习。其实，学习就像砍柴，休息就是在磨柴刀。俗话说"磨刀不误砍柴工"讲的就是这个道理。

假如节假日休息，利用一天或半天的时间回一趟老家，或去湖边呼吸一下新鲜空气，也不要忘了带

上二篇好文章或外语课本。利用体力活动休息的空档，学一会，因为此时的大脑，已得到了足够地休息，此时的记忆力，以及理解能力都比较好，正是学习的好时机。

总之，学习文化课与锻炼身体在青少年的成长过程中是并重的，也是相辅相成的。如何把它们有机地安排好，是个直接关系到他们健康成长的大事。既不能重此薄彼，也不可弛、张失调，应根据每个人的具体情况制订出具体的时间表，努力做到弛、张有度，暴、寒有节。有节律地安排好学习与锻炼，才能确保智、体均衡地发展，取得双赢。

4. 大考之前学习节律的调整方法

关于学习节律的调控，在学习过程中的特殊时期，也应特殊对待。例如在大考临近时，即考前训练期，很多学生安排得并不妥当。他们往往在大考临近时才知道自己还有许多该学的东西没学好，于是就加班加点，甚至废寝忘食，结果临场之日已是精疲力竭，见了试卷就头昏脑胀。在考场上有人头晕、呕吐，甚至有的学生每逢重要考试就会规律性地生一次病，考试完了，病也好了。这都是考前过分紧张，大脑没得到应有的休息，致使人体功能紊乱造成的。在这样的精神状态下参加考试，别说灵活地运用所学知识，举一反三地解决综合性较强的难题，就连平日学过的甚至做过的题目也难以正常发挥，答题往往是没学过的作不对，该会的也错漏百出，考试成绩也就可想而知了。

事实上，准备期末考试，应从学期第一天开始。而升学大考，应从入学那天就开始准备。平时就有计划地按照五环式学习法，循序渐进地学习，遵从一定的学习节律，科学合理地安排学习与锻炼。既练就一个健康的体魄，又打下一个扎实的学习基础。这两项是考试成功的必要条件。

再就是大考临近时要适当地进行考前训练。考前训练不是要大量做练习，而是逐步减少学习时间。考前十天开始增加轻松的体育活动，让大脑得到足够的休息，使体力得到适当的恢复。尤其在考前七天，就应按照正式考试的时间表作息，借以调整大脑的兴奋周期。经过七天的调整，等到正式考试进入考场时，正是大脑神经兴奋的时段，能够精力充沛地投入考试，把自己的所学在答卷中发挥到极致。

在教学中，在训练女儿应试中，我都采用了这种方法。在考前半个月就开始让他们自我放松因大考而绷紧了的神经。在考试前十天就开始减轻他们的学习负担。并且注意为考生减轻思想压力。尤其是临考前七天，就开始按考试的时间表作息，在规定考试的时间里，要他们像在考场上应试一样，或搞模拟

考试,或复习课本,要求此时精力要高度集中,渴了不能喝水,累了不能休息,更不能在这个时间外出。过了考试时间,则要求他们一般不学习,只做些轻松的户外活动,有规律地安排足够的午休与夜间睡眠。因为定时睡眠是保证大脑按时兴奋的关键。通过这样的考前训练,女儿每次考试都感觉轻松顺利,而且考后能清楚地知道自己哪些题做得正确,哪道题能够得多少分。在1993年参加中专考试时,每科都能提前10~30分钟交卷,并且比较准确地知道所答试卷中,哪里有可能失分。中考成绩公布后,果然不出其所预料。

实践证明,考前训练,训与不训大不一样。采用的训练方法正确与否更是关系重大。如果考前大脑已经过度疲劳了,加上平时赶学习任务造成的睡眠不足,又要去参加与平时生活节奏不相适应的考试,不仅考试成绩不会好,就是对身心健康来说也是个摧残。

连年来全国各地参加中、高考的学生,病倒在考场上的已不计其数。那些没有病倒的考生,实际上也受到了程度不同的折磨。高层领导们认为原因是7月天气太热,所以把中、高考都提前了一个月举行。其实提前考试并解决不了实质问题。在寒假前的期末考试中,也有病倒考场的现象。冬天冷,夏天热,这是自然规律,是人们早已适应了的气候环境,当然在考生做着繁重的脑力劳动时,太冷与太热都会感到不舒适,但它并非"病倒在考场"的主要原因。

学生病倒在考场上原因有三:应试思想压力太大;考前训练过度疲劳;考场气氛令人紧张。

根据当今社会就业状况,一般都认为只有一条路好走——考大学。有人戏称这是"千军万马过独木桥"。所以,许多学子自幼就只认这一条道,在这一条道上已经苦熬了十二年之多,时至今日也只有到这个桥上去挤,过得这个独木桥,人称骄子;过不去桥,被挤落桥下,就如同跌落在无边无际的黄泥滩涂上,苦苦挣扎亦无人怜爱。在此仅凭一次考试就决定终生命运的关键时刻,如果没有适当的疏导,思想压力岂有不大之理!

大考之前老师用"逼尔成才的皮鞭"残酷地驱赶学生拼命学习,是当今教育中最流行的做法。平时老师布置学生的作业就超量,压得学生喘不过气来。临近中考、高考时,老师更是不遗余力地给学生加码。今天搞摸底考试,明天发模拟试卷,提前还发一堆练兵题。学生有个顺口溜:"考前试卷大发财,物理没完化学来,累死俺也做不过来。"然而谁要敢不完成作业,轻者挨批评,重者有的甚至被罚站。对于这些被惩罚的人,其家长说:"老师这是为你好。"学

生也承认:“知道错了。”

明白的教师看着学生疲劳过度有点心痛,但是校长是要看各科考试成绩的,凭成绩发奖金,凭成绩进行聘任。实践中老师还总结出了这样一条不怎么样的经验:“对于学生来说,哪一门功课的任课老师压得紧,他就做哪一门作业。谁要逼得不紧,成绩很快就被其他学科挤下来。”因而不论是心里明白的老师,还是不明白的老师,对待学生都是一个劲地讲,加大题量地练,尽量多地逼着学生做自己布置的作业。各任课教师心同此理,群起用“逼尔成才的皮鞭”着力鞭挞。逼得学生“开早车”、“开夜车”,就连一日三餐,也大多数只在教室里一边学习一边吃两口了事。这就是无半句夸张的毕业生们的生活写照。君不见,学生书桌上那一摞又一摞学习资料,先布置的作业还没做完,新的作业又布置下来了。在这样的高压下,平时就常有学生病倒,更何况在紧张的考场上呢?

一般情况下,在大考临近时,家长们会挑着样儿地为孩子做些好吃的饭菜,但是大多数考生并无好胃口。考前的过度疲劳,影响了许多人的消化功能。严重的睡眠不足,过度的用脑,造成的头昏脑胀甚至头痛,早在考试之前就已经不断地袭扰着考生了。

当孩子要进入考场时,家长们那“争气”、“争光”

之类的叮嘱，给考生施加了思想压力，去考场家长相送，考后亲友来接，虽说是为孩子安全着想，同时也给孩子加重了思想负担。还有许多考生的家长，把孩子送到考场后并不回去，而是守候在考场铁门外，一直等到考试结束。如其说是来助考，不如说是来增加考生的思想压力。进入考场，当那密密麻麻的试卷，一张又一张地发到在考生面前时，试卷上许多没见过的难题，像一颗颗小炸弹，轰击那已经处于紧张状态的神经，顿时使心脏加快了跳动。此时，对于原来就已头昏脑胀的人来说，头部胀痛又随之加剧了。虚弱的身体处于坚持一下，再坚持一下的努力之中。大多数这样的考生坚持过来了，身体过度疲惫、虚弱的就病倒了。尤其是那些考前准备不充分，对高考又看得过重的考生。

这就是考生病倒考场的主要原因。这种病倒考场的现象，7 月份高考时有，改为 6 月份高考仍然有，这是考生缺乏考前正规训练，以及缺乏适当疏导的结果。作为考生的家长或负责任的老师来说，有些制度我们暂时无力去改变它，只能是让我们的孩子去适应它。在考试之前就适当地为考生减轻思想上的压力，帮他调整生活与学习的节律，调整他们的生物钟，使其大脑得到足够地休息，体力得以适当的恢复，并让他们适应考场的应试环境，也就说要按照

科学的方法对考生进行考前训练，让考生以最佳状态进入考场应试。这些事是我们可以做到的，既是提高考试成绩的有效措施，也是考生身心健康的保障。

总起来说，要让孩子学习有长进，不仅要培养他爱学习的习惯，能吃苦的精神，争上游的进取心，还必须掌握一定的学习方法以及科学的学习节律。学习与健康就能得到双赢，成为国家有用之才。

有人郑重地要求我："把你那些学习的秘诀教给俺，让俺的孩子也抄条近道儿。"我明确地告诉他："学习的道路上是没有近道儿可走的。只有在脚踏实地地攀登中，采用科学的方法治学，少走点弯路，也就是相对来说的近道儿了。"

九、防止高分低能，培养新世纪有用人才

未来世界需要什么样的人才？21世纪的中国需要什么样的人才？我们应该根据未来的需求，把孩子培养成有用的人才。这个问题不能完全依赖学校，做家长的应该尽可能地做些辅助教学的工作。

就中国社会发展来说，深圳是排头兵。那么，深圳市的用人制度与内地有什么不同呢？从深圳市2001年公布的年度劳动力市场指导价位表，可见一斑。其中硕士研究生的月薪高、中、低位分别是5900元、3500元、2400元，而高级钳工分别为6600元、4300元、3200元。也就是说，深圳市的用人观念，已不再是唯文凭论了，转向注重动手能力，转变为“需要即人才”。这种转变从某种程度上来说，是对我们过去培养的高分低能人才——“秀才白痴”摒弃的一个开始。

事实上，一个动手能力不强又无发明创造能力的大学生、研究生，如果现在进入的是国有企业，在那里，暂时还会按现行政策规定，发给一定数额的月薪，如果他进入的是私有企业，那么，哪个私企的老板也决不会留用有名无实的所谓人才。

如果我们培养的大学生、研究生，既有响当当的文凭，又有较强的动手能力、发明创造能力，我相信

在未来社会中,不论是国企还是私企,不论是国内还是国外,哪里的老板都会争相聘用的。

近些年来,许多大学生、研究生纷纷出国到欧美去。一些学有所长,动手能力较强又有发明创造能力的人,出国后受欢迎,能够在国外生存、发展;而那些高分低能的所谓"秀才白痴",或徒有虚名者出国后多数找不到立足之地,最后只好行囊空空而归。

美国的经济科技领先于世界,根本原因在于美国的人才领先于世界。那么美国是怎样培养人才的呢?近几年,许多主管教育的领导、学者们纷纷去美国考察,归纳出中美学校教育的几个差异:美国的教材综合性较强,培养的学生综合运用能力也比较强;我国实行的是分科教学,不大重视综合能力。在科学知识学习上,美国的教育提倡让学生直接动手做实验,注重归纳推理,注意培养学生的发现、发明能力;而我国学生上课以教师为中心,注重演绎推理,学生被动学习,注重背诵记忆课本和老师传授的知识。

为什么美国培养的学生动手能力,发现、发明能力较强,而我们的学生中存在高分低能的现象呢?从这些差异中可以找到一些原因。中国的教师们虽然也明白这些差异与不足,但他们无力改变现实。因为学校考查老师的标准就是学生考试成绩,而考试只是考书面知识(主要是课本知识),所以老师们不敢擅自改变教学方法。另一方面,学校也不敢擅自改革,因为上级评价一个学校,主要看其升学率。现存考试制度不改,学校也不敢改变它的教学方法。虽然国家最近已着手逐步改变这种欠合理的教学方法,但是由于方方面面的原因,恐怕难以在短时间内奏效。因此,为了使自己的孩子在动手能力以及发现、发明能力方面,能够取得领先地位,家长应该抢先抓起,从多方面下功夫着力培养孩子这一方面的能力,以弥补现行教育的不足。

1. 培养动脑、动手能力要从小抓起

法国启蒙思想家卢梭说过这样一句名言:“在儿童时期没有养成思考的习惯,将使他从此以后一生都没有思考的能力。”另外,假如一个人在上学的时候就没有学会发现问题、研究问题的方法,没有训练敢于发明的勇气,那么,他的一生中有可能只会做一些模仿和抄袭之类的工作。

培养孩子的动脑思考动手制造的能力,应该从小抓起。从他喜欢的某些活动中,适当引导孩子动脑动手,去发现问题并和他一起研究解决问题的方法。比方说孩子喜欢一件什么玩具,如果有可能,就可以和孩子一块动手制作,在制作中不包办,让他亲自动手。制成了玩具自己赏玩,并且在赏玩过程中

指导他改进玩具。

在我女儿小的时候，我就经常和她一起制作玩具。比如说在大街上看到卖风车的，她喜欢风车，我们只是看，而不买，回家后自备材料和女儿一起动手制作。我制了一个，帮助她也制作一个，我做的风车迎风一跑旋转的很平稳，她制作的那一个却不大转。我引导她找原因，让她和我做的风车相比较。她发现了风车的轴穿偏了位置，把轴改穿在中心之后，她的风车也比较平稳地转起来了。女儿很高兴，因为她自己成功地制作了风车。

类似的，当她自制的小风筝放飞成功之后，她的那股高兴劲，绝对比花钱买风筝的孩子更有满足感。在陪着女儿玩的过程中，我们共同制作过能拉土的小车，会爬行的小乌龟，板纸剪成的二人摔跤小纸人等等许多玩具。有时为了制作某件玩具，我要费好多功夫找材料，购买合适的零配件，甚至比买一件新玩具花钱还要多，但是这样做不仅能提高玩耍的兴趣，实际上也培养孩子的动手能力。

再一方面，就是不论是孩子的玩具出了故障，还是她使用的钢笔、圆珠笔出了毛病，我都让她自己修理，帮助她找原因，尽量地不代替她动手。更反对把有了毛病的用具不修理而扔掉。一方面借此培养她的动手能力，另一方面也注意培养她勤俭节约的思想。家中的自行车、收音机有了故障，我都要叫上孩子一起找找故障出在什么地方，借以让她了解这些设备的结构。女儿小时候对马蹄表的表针为什么能走感兴趣，我就马上把马蹄表的后盖打开给她讲马蹄表的构造，观察它的工作原理。

方斌斌的爷爷是名老教授，平时很注意引导孩子动脑思考问题，帮助孩子总结一些客观规律，以及培养孩子动手制作的能力。

有一次方斌斌口渴了，爷爷从暖水瓶里倒出来的水太烫，喝不得，斌斌有些急躁。方教授不急不躁地问斌斌："怎样才能使开水变凉呢？斌斌一定能想出办法来！"斌斌动脑想了想说："把杯子端到电扇下吹。"方教授又引导孩子："还有呢？"斌斌又想了想说："从冰箱里拿块冰放到杯子里；用两只水杯来回倒……"斌斌还在想，水已经可以喝了。

斌斌喝完水，方教授则很认真地为斌斌总结了这一自然现象："随着时间地推移，热水就会自然地逐渐变凉。"

又例如有一个晚上，斌斌正在写作业，突然停电了。方教授问斌斌："你能想出几种解决照明问题的方法？"斌斌想了想说："点蜡烛，打开手电筒，用打火机……。"在方教授的提示下，斌斌又想出了："可以先打电话问一问，也许姥姥家没有停电，今晚到她那

边去学习也可以”的主意。

方教授表扬了斌斌之后，提议：“咱自己安装一个手摇发电机怎么样?”这下提高了斌斌的兴趣。第二天爷孙二人就买来了磁铁等器材。一起动手，安装出了一台手摇发电机。还真的让小灯珠亮了起来。方斌斌摆弄着手摇发电机，问这问那，饶有兴趣地学习了不少知识。

虽然停电是偶然现象，小发电机根本没有实用价值，但通过这类活动，可以提前了解一些物理知识，可以培养孩子动脑、动手能力。这才是真正的收获。

我有个学生叫立新，立新妈对我说：“这孩子可淘气了，家里的缝纫机、挂钟他什么也敢拆，拆开看着玩。”我说这不算坏事。立新妈着急地说，他拆开就装不上了，还得送修理部，为这事他挨了几次打了。我告诉立新：“要拆、修某个机械设备，必须先观察它的结构特点，琢磨先拆什么，后拆什么，拆开有没有破坏性，在确定没有破坏性时再动手。拆一部分后，接着就照原样再把它安装起来，然后，再多拆开几个零件，再把它安装好，逐步记住这些机械的结构特点，以及工作原理。不能盲目地乱拆，如果乱拆就成了搞破坏了。”接下来我又对立新妈分析了孩子爱动手的好处，指出只要善于因势利导，这孩子是很有培养前途的。谈话后我送给立新一块旧马蹄表和一本《钟表维修指南》,叫他拿去拆装着玩。

这孩子后来没有考上大学,但学习机械专业很入门,在技校专攻汽车修理专业。毕业后当了几年汽车修理工后,自己开了家轿车修理厂。因为他的技术精湛,生意红火。他带了两名徒弟,都是机械专业毕业的大专生。这个实例说明,只要我们培养的孩子动手能力较强,有一技之长,即便是考不上大学,也可以成为社会有用之才。

2. 培养通过观察、思考研究问题的习惯

要培养孩子的发现、发明能力,需要有足够的逆向思维、发散思维能力。培养逆向思维与发散思维能力,可以借助一些趣味性较强的问题,在与孩子的游戏中加以训练,引导孩子多动脑、勤实践、善于观察,养成研究问题的良好习惯。

例如,解答常见问题:"树上有十只小鸟,开枪打死了一只,问树上还有几只?"对于这个问题,没有经过发散思维训练的孩子往往回答"还有九只"。有人简单地纠正孩子说:"不对,一只也没有了"(这也是许多书本上的答案)。然而这个答案是不全面的。我们在教孩子时,为了培养其调查研究问题的习惯,应该先去实地考察,而后再回答这个问题,当着考虑到树冠有大有小,枪声也有大小之后,就会考虑到此

题的答案应是多种可能了,再引导孩子分类归纳出来,答案就比较全面了。正确的答案如下:

第一种情况是:一只也没有了。情况是被打死的一只掉了下来,其余的都吓跑了。

第二种情况是:还有九只。情况是树冠比较大,枪声比较小,只有被打死的一只掉了下来,另外九只鸟在树冠的另一侧,没受惊扰。

或者是还有八只。情况是树冠比较大,枪声比较小,只有被打死的一只掉下来,邻近的一只吓跑了,其余八只未受惊扰。

同样的道理:答案也可以是还有七只、六只、五只、四只、三只、二只或一只。

第三种情况是:树上还有十只。情况是树上的十只小鸟都在笼子中,打死的那一只也仍然在树上的笼子中。

第四种情况是:树上还有十一只。情况是树冠比较大,枪声比较小,被打死的小鸟卡在树杈上,其余的小鸟在树冠的另一侧,未受惊扰,并且同时又飞来一只也落在该树上。

同理,树上的小鸟也可以有十二只、十三只、……

综合上述情况,可以这样说,不管是哪本书上或哪个老师说的,只要对该问题只给一个答案,那就是不全面的。只有引导孩子多做实地考察，从多角度思考问题，研究问题的各种可能，才是培养孩子分析问题、解决问题的能力的正确方法。

在军事指挥上，防守指挥官，若在分析敌人的进攻方向上遗漏了一种可能性，就使敌人有隙可乘。反之，指挥进攻的指战员若能判断出守敌意想不到的进军缺口，便可以乘虚而入，克敌致胜。在商业经营中，若能比一般商家多想到一条销路，就可能成为商战中的赢家。在工作中，若能比别人多找到一个完成任务的办法，那就叫做技高一筹。

由此可见对于孩子发散思维能力地培养，对他们分析问题、解决问题的能力的训练，并不仅仅是为了解答某些智力问题，而是为培养孩子分析问题、解决问题的能力奠定基础。

诸如此类的训练题目很多，比如书上常见的还有这样一个问题："挥剑砍去方桌的一角，问还剩下几个角？"一般孩子若不假思索可能就回答："剩下三个角。"而常见书上的答案是"还剩五个角"。

对于这个问题我们教孩子时，应该教给孩子，不要急于回答，可以先拿几张正方形纸片，用剪刀剪一下。或者在纸上画几个正方形，用尺子试着画一画砍角的虚线，分析砍角的各种可能，思考砍去一个角时，最大能砍多么大？最小呢？再引导他归纳出该

问题答案的三种可能性:还剩三个角;还剩四个角;还剩五个角。三种情况如下图所示:(图中虚线表示剑砍的位置)

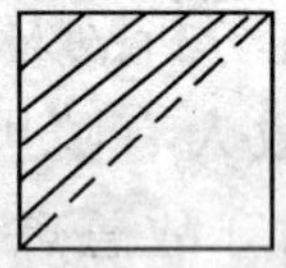

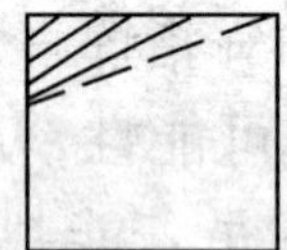

还剩三个角　　还剩四个角　　还剩五个角

有了上述研究之后,再给孩子提出如下问题:“一块方块豆腐,切去一个角,还有几个角?”这个问题要让孩子自己去做实验,通过直接观察正方体模型,在模型上画线表示切去一角的位置,分析有几种可能性,思考切去一个角时,最大应怎样切? 或买几块方块豆腐,实际试验切去一角的几种可能情况,最后让他自己归纳出答案,并且一同研究答案是否全面。一般经过训练的孩子,就能做出比较正确的答案。最后画图试分析答案如下(下图中虚线表示刀口)。

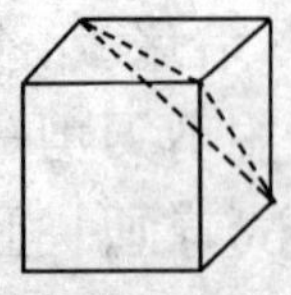

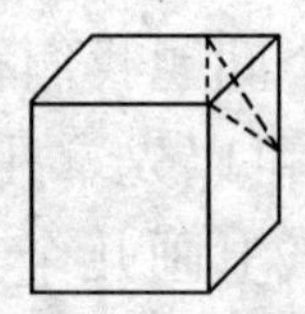

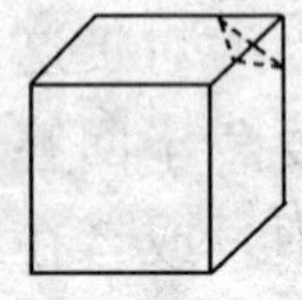

还有七个角　　还有八个角　　还有九个角　　还有十个角

还有十个角

类似的还有一个常见的题目:“一节甘蔗切三刀,切成了几块?”没有学会分析问题方法的孩子往往回答是:“四块”。而学会做实验和从多角度思考问题的孩子则可以通过动手动脑,做出如下回答:“可能是四块,也可能是六块或八块”。切法如下图(图中虚线表示刀口)

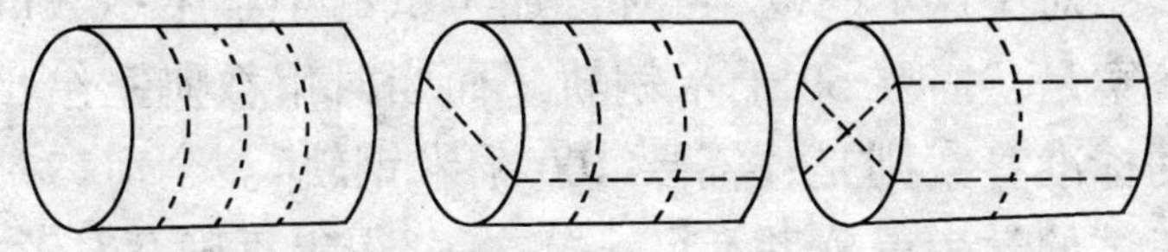

关于此类问题的解答,对于小孩子来说,只注重他们的发散思维训练,注重引导他去动手实验,动脑分析问题的各种可能,学会分析问题、解决问题的方法也就足够了。至于他能否把问题分析得多么细致,不必苛求。而对于大孩子来说,则应利用此类问题在训练其发散思维能力的同时,培养其归纳推理与逻辑推理的能力。

通过诸如此类的训练,使孩子提高发散思维能力,逐步掌握分析问题与解决问题的方法,让他们习惯于到实践中去探索问题。通过实验来验证实践中获得的经验与猜想,通过这样的多次训练,一般来

说，他们对于所遇到的问题，可以多考虑几种可能性，对于别人给出的结论，不盲从，能提出几个为什么，会通过分析、思考直至通过试验验证结论是否正确。

例如有一年市小学会考中，有这样一道修铁路的题，在比较容易地求出了工程队一共修了 50 千米路基之后，又问需要多少千米钢轨。

对于这个问题，当时参加考试的小学生多数的答案是："需要 50 千米钢轨。"而当时市教研室给出的标准答案则是："需要 100 千米钢轨"。全市参加考试的学生得分者不足三分之一，得出正确答案者，则一个也没有。

这个问题，在我女儿上小学四年级时，我拿出来让她回答，由于她接受过发散思维训练，并曾到铁路边观察过钢轨的辅设情况。她得出了比较准确的答案："当该铁路为单轨铁路时，需要钢轨 50 千米；当该铁路为普通单线铁路（两条钢轨）时，需钢轨 100 千米；当该铁路为复线铁路（四条钢轨）时，需要钢轨 200 千米；如果该铁路中有部分是站区或货场，则还应增加那一部分的特殊需求。"

通过发散思维训练，女儿不仅能提高解决上述问题的能力，同时也提高了自己的生活能力。前几年有件事情要晨蕾自己下江南。首次只身出远门的她，没有一点畏难情绪，在出发前就给自己设计了几套住行的方案，听着她非常自信的行动计划，我和她妈都放心地让她独自远行了。

3. 配合教材学习动手做试验，增加实践经验

中国的大教育学家孔子早就说过："学而不思则罔"，提倡对别人给出的结论，要多问几个为什么？要求他的学生们学习要多加思考。实际上，不论是中国古代的四大发明，还是当今每年上万件的科技新发现、发明，都是在实践、实验的基础上，通过"多思"而取得的。我们教育孩子当然要遵循这个科学发展的规律，坚持"实践第一的观点"，教给他们到实践中去观察事物，恰当地提出猜想，通过实践验证猜想的正确性，并善于"多思"，分析研究问题之各种可能，独立归纳总结出课本上的那些科学规律。

由于教学条件的限制，现实下处理科学教育课程，学校的教学方式多以听课、看书为主，就是有少量的科学试验，一般也只是教师拿个教具演示一番，学生或是得不到亲自动手、直接观察的机会，或是按老师示范的步骤，把试验模仿一遍而已（老师也只是为了让学生加深记忆），根本没有让学生动脑思考，由学生个人去发现、发明什么的机会。现行教学制度从时间安排上也不允许那样做。所以，我建议家长们如果有这方面的能力，适时地为孩子安排一点

相关实践的机会,引导孩子动手动脑,通过实验去验证那些课本上讲的规律,借以弥补学校教学的不足。

例如在孩子上小学时,数学课要讲平行四边形的面积公式。在学校听老师讲课,教师一般只是在黑板上画图说明推导该公式的方法,或拿出教具在讲台上演示一下,让全班同学观看。那样虽然能说明公式成立的理由,让学生记住那个公式是合理的这个事实,但如果家长在课前先引导孩子自己用硬纸板剪出平行四边形的模型,引导孩子通过对模型进行割补,化平行四边形为长方形,从而借助长方形的面积公式发现平行四边形的面积公式,就可以借以培养孩子的发现能力。

验证平行四边形面积公式的学具的制作方法与使用方法如下:

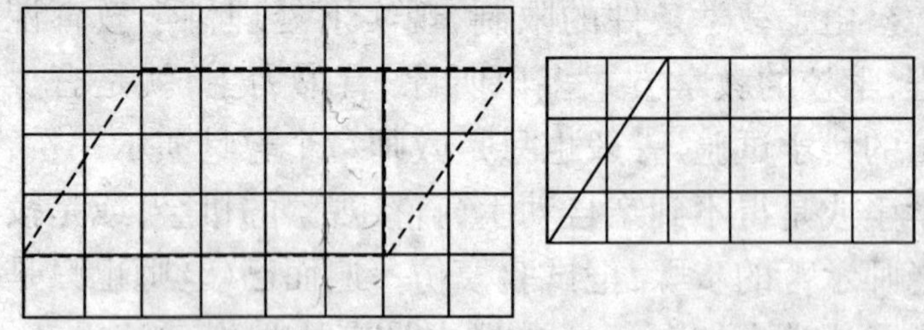

先如左上图那样,在方格纸上画一个平行四边形。再沿虚线剪下来。使用时沿虚线将右上角剪下来,补到左上角,得到如右图所示的长方形。因为长

方形的面积 = 长 × 宽，所以平行四边形的面积 = 底 × 高。

再例如，高中立体几何中的有关空间四边形的例题，学校教学一般只是用演绎推理的方法论证结论的成立，如果我们做家长的能够为孩子制作一个符合题意的“空间四边形演示器”，先指导孩子直接动手演示模型，动态地观察空间四边形的某些性质，逐步发现例题中的结论，归纳出结论在什么条件下成立，当他再听老师讲课，用演绎推理证明该结论成立时，就可以对该结论接受得快，记得牢。因为掌握了发现该规律的方法，所以，对该结论能够理解的更深透一点儿。

又例如初中物理课中要学杠杆。我们可以利用闲暇时间找一根撬棍，带上你的孩子试着去撬动一块大石头，在撬动中引导孩子发现对于比较重的物体，人直接搬它如果很吃力的话，用撬棍撬却比较省力。在这一撬动大石头的过程中，引导孩子不断改变支点在撬棍下的位置，让孩子体会改变支点的位置，撬动石头时用的力量大小也随着变化，引导他发现杠杆使用中的某些规律。这样做有利于弥补中学生学物理时实践经验不足的缺陷。

在学习滑轮之前，我们可以在家中，先安装一个定滑轮，指导孩子直接动手使用定滑轮提起重物，引

导他发现定滑轮的作用。如果再在家中安装一个动滑轮,就能让孩子体会动滑轮的作用。如果有机会带孩子去建筑工地看大吊车上的滑轮组,观察滑轮组的工作原理,既是一种休闲方式,又增长了实践经验,可以为学习书本知识奠定基础。

学习生物时需要了解动物的内脏器官,在上这类课之前,家长和孩子一起动手,先解剖一只小动物,例如买上一只肉兔,把它的四肢和头牢固地固定在木板上,慢慢地剖开它的腹部,让孩子直接观察它的腹腔脏器,观察它的消化系统,研究它的血液循环系统,这样孩子会非常深刻地记住家兔内脏器官的位置和有关器官的形状。

在干家务活的时候,引导孩子发现为什么用洗涤灵洗餐具上的油垢,比只用自来水快捷?为什么用抹布蘸上点儿醋擦拭铜制器皿能光亮如新?带着这些生活中发现的问题再学习化学课时,他们就有兴趣,从而学得也专心,也能在学习中发现并掌握有关的知识。

通过配合教材学习,尽量多地为孩子提供动脑、动手做实验的机会,让他们增加点实践经验,不仅可以对所学知识理解的深透;掌握的牢固。也便于未来学以致用,服务于生产、生活,走一条理论联系实际的学习道路。

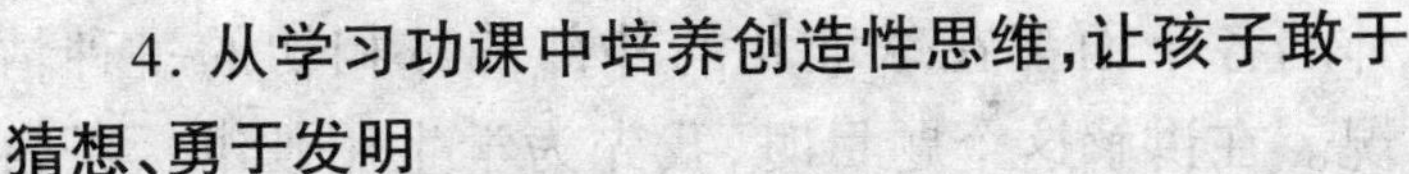

4. 从学习功课中培养创造性思维，让孩子敢于猜想、勇于发明

现行的学校教育，多数坚持着老一套教学方法——比较注重演绎推理，注重对课本上原有知识的学习与记忆，所做的试验与教具演示只是为了说明课本上的知识是正确的，没有时间，也没有那么多设备，组织学生直接动手观察问题、研究解决问题。我们的教学还停留在老师讲学生听的“注入式”状态，短时间内还做不到以学生为中心，辅助学生主动学习，引导他们去发现、去发明。现行的教学方法，虽然能够应付现行的中考、高考，但所培养的学生的发现、发明能力明显地有点缺欠。这不仅影响了他们将来的工作能力，就是现实的学习也受到了一定的影响。他们一般都只会照本宣科地搬运旧知识，对旧知识中的许多不足之处，没有能力去发现，发现了也不敢去改进。为了弥补这种不足，我在教学和辅导自己的孩子时，做了一些改进，收到了较好的教学效果。

例如，在高中数学中有一道在辅导材料中常见的题目：“四个半径为 1 的球彼此相切，三个球放在桌面上，第四个球放在它们上面，求各个面都与球相切的正四面体的边长。”

在常见的书中此题只有一解，即只考虑正四面

体的各个面都在球堆儿的外部和球相切的一种情况。在讲解这个题目时,我先为学生用硬纸板条自制了一个恰好能装进四个乒乓球的正四面体模型,指导学生每人仿制了一个,让他们仔细观察模型,通过适当地引导,他们发现符合条件的答案不是一个,在球堆儿的内部和球相切的还有一个正四面体,进一步引导同学们在发现问题的基础上,发现寻找另一个解的解题思路。通过这样的教学,目的在于教会学生发现问题的方法,提高他们解决问题的能力。让学生树立起实践第一的观念,敢于用实验发现问题,敢于通过实验认可或否定书本上原有的某些结论。课后,我把这种教学方法以及此题的解法撰写成文——《此题应有两解》发表在曲阜师范大学主办的《中学数学杂志》2000 年第 6 期上。附该题的解法如下:

解:根据题意设四个球心分别为 A、B、C、D. 连结四个球心得到一个棱长为 2 的正四面体,(如图一所示),作斜高 AE、DE,作体高 AG、DH,AG 交 DH 于 O,则 O 是该四面体外接球的球心,把平面 AED 析离出来(如图二所示)。根据题意作 $A_1E_1 /\!/ AE$(两线间距离为 1),交 GA 的延长线于 A_1,类似的作 $E_1D_1 /\!/ ED$(两线间距离为 1),交 HD 的延长线于 D_1,连结 A_1D_1 得所求大正四面体的边与斜高确定的对应截面$\triangle A_1E_1D_1$(如图二所示). 过体高线 AG、DH 与圆A、圆 D 的交点 H_2、G_2,作两圆的切线交 DH、AG 的延长线于 D_2、A_2,两切线交于 E_2 得$\triangle A_2E_2D_2$,该三角形是在球堆内部各个面与球都相切的小正四面体对应的边与斜高组成的截面,通过解相似三角形,即可求得和该四个球在内、外相切的大、小两个正四面体的边长.

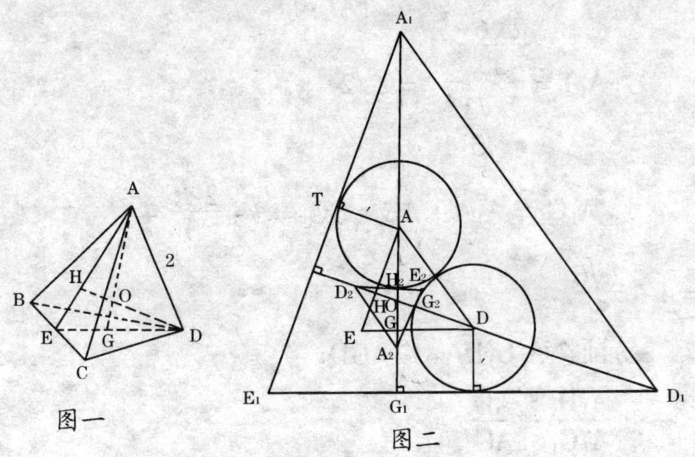

图一　　图二

一、求大正四面体的边长 A_1D_1

$\because$ 球半径为 1, $\therefore AD = 2, AE = DE = \sqrt{3}$,

$\therefore EG = \dfrac{\sqrt{3}}{3}, DG = \dfrac{2\sqrt{3}}{3}$,

$AG = \sqrt{AE^2 - EG^2} = \dfrac{2\sqrt{6}}{3}$.

易证：$\triangle A_1TA \backsim \triangle AGE$，

$$\therefore \frac{A_1A}{TA}=\frac{AE}{EG},$$

$$\therefore A_1A=\frac{\sqrt{3}\times 1}{\frac{\sqrt{3}}{3}}=3$$

$$\because \frac{A_1}{AT}=\frac{AG}{EG},$$

$$\therefore A_1T=\frac{\frac{2\sqrt{6}}{3}\times 1}{\frac{\sqrt{3}}{3}}=2\sqrt{2}$$

$$\therefore\ A_1G_1=A_1A+AG+GG_1=3+\frac{2\sqrt{6}}{3}+1$$

$$=4+\frac{2\sqrt{6}}{3}。$$

易证 $\triangle A_1G_1D_1 \backsim \triangle AGD$，

$$\therefore \frac{A_1D_1}{A_1G_1}=\frac{AD}{AG},$$

$$\therefore\ A_1D_1=\frac{2\times(4+\frac{2\sqrt{6}}{3})}{\frac{2\sqrt{6}}{3}}=2+2\sqrt{6}$$

即在四个球外部，各个面和球都相切的大正四面体的边长为 $2+2\sqrt{6}$

二、求小正四面体的边长 A_2D_2.

易证$\triangle DOG \backsim \triangle A_1AT$.

$$\therefore \frac{DO}{DG}=\frac{AA_1}{A_1T},$$

$$\therefore DO=\frac{3\times\frac{2\sqrt{3}}{3}}{2\sqrt{2}}=\frac{\sqrt{6}}{2}.$$

又$\because DG_2=1, \therefore G_2O=H_2O=DO-DG_2=\frac{\sqrt{6}}{2}-1$.

易证$\triangle A_2OG_2 \backsim \triangle A_1AT$,

$$\therefore \frac{A_2O}{G_2O}=\frac{AA_1}{AT}, \therefore\ A_2O=\frac{3(\frac{\sqrt{6}}{2}-1)}{1}=\frac{3\sqrt{6}}{2}-3.$$

$$\therefore\ A_2H_2=A_2O+H_2O=(\frac{3\sqrt{6}}{2}-3)+(\frac{\sqrt{6}}{2}-1$$

$$=2\sqrt{6}-4$$

易证$\triangle A_2D_2H_2 \backsim \triangle ADG$.

$$\therefore \frac{A_2D_2}{A_2H_2}=\frac{AD}{AG}, \therefore A_2D_2=\frac{2(2\sqrt{6}-4)}{\frac{2\sqrt{6}}{3}}=6-2\sqrt{6}.$$

即在球堆内部且各个面都与球相切的小正四面体的边长为$6-2\sqrt{6}$.

又例如在教学《立体几何》,求异面直线上任意两点间的距离公式的教学中,我指导学生制作了异面直线上任意两点间的距离演示器,该演示器把这个立体问题转化到两个相交平面和一条直线上,可

以准确明了地反映问题中各元素之间的联系。通过引导学生动态地研究问题的两种可能，发现了课本上的原有解法，是课本作者自己为原题假设了一个静止的特殊的图形之后，并在这个假设的基础上得到了一个有失一般性的解法。课本上的这种解法，让初学者学习之后，在使用该公式时，难以弄清怎样选取公式中的“+、-”号。这个问题在教学中，多年来老师的老师是这样教的，所以学生的学生仍然这样学，教学上一直是个疑点，可是谁也没想到去改进它。

在发现了这种解法不妥的基础上，我又进一步引导学生通过直接观察研究自制的模型，找出了新的解题思路，和学生一起求出了具有一般性的异面直线上任意两点间的距离公式，简化了原有例题的解法。新解法即明确了公式中“+、-”号的产生原因，也教会了学生动态观察、分析问题的方法。重点是通过这样的教学，逐步培养学生发现问题的方法，学会用动态的观点来分析问题、解决问题。

课后，我把这节课的教学方法撰写成《谈谈异面直线上两点间的距离公式的求法》的论文，中国数学会普委会主办的《中学生数学》杂志发表了该文(在2001年6月上期的首篇)。我并把这种解法寄信给人民教育出版社，提出高中教材《立体几何》第44页的例题有误。并提出了修改建议，该建议得到人民教育出版社的认可，人民教育出版社承担该教材编辑的负责人回信表示感谢。并在2002年人民教育出版社对数学教材改版时，把该例题作了修改。通过这样的教学活动，激发了学生探索问题的兴趣，培养了发现、发明能力。

附原高中教材《立体几何》第44页例2“已知两条异面直线a、b所成的角为θ，它们的公垂线段AA′的长度为d.在直线a、b上分别取点E、F，设A′E = m，AF = n，求EF.”

在新教学方法的实践中，我发明的异面直线上两点间距离演示器的制作方法如下：1、在图一所示的两块硬纸板上画图，并分别在E、A处打孔。2、把面B上点A处的榫头垂直插入面α上A处的孔中，取毛线一根，一端固定在点F处，另一端穿过点E处小孔，拉直后固定在点F′处。制成如图二所示的模型。

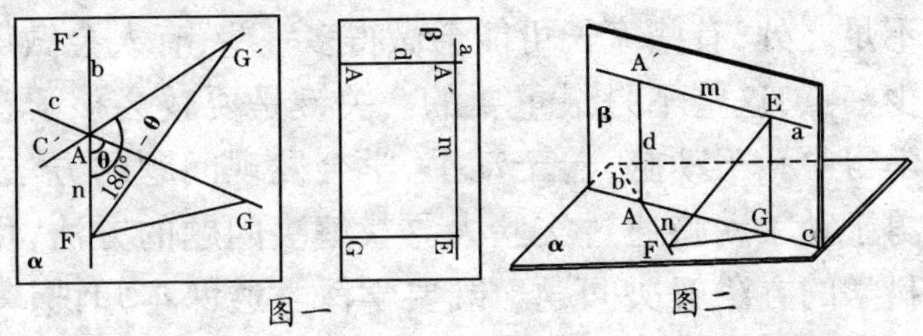

图一
图二

使用方法：以 AA' 为轴转动面 B，观察异面直线 a、b 位置的各种可能性，寻找解题思路。

附新解法：(如图二)设经过 b 与 a 平行的平面为 α，由直线 $AA' \perp a$ 确定的平面为 β，$\alpha \cap \beta = c$，于是 $c /\!/ a$，$AA' \perp c$.

又 $\because AA' \perp b$，$\therefore AA' \perp \alpha$.

根据两个平面垂直的判定定理，$\beta \perp \alpha$，在 B 内作 $EG \perp c$，则 $EG = AA' = d$. 并且根据两个平面垂直的性质，$EG \perp \alpha$. 连接 FG，则 $EG \perp FG$，在 Rt$\triangle FGE$ 中，$EF^2 = EG^2 + FG^2$.

$\because c /\!/ a$，依据异面直线所成角的规定.

在$\triangle FAG$ 中，$\angle FAG = 180° - \theta$ 或 $\angle FAG = \theta$.

$\because AG = A'E = m$，$\therefore FG^2 = m^2 + n^2 - 2mn\cos(180° - \theta) = m^2 + n^2 + 2mn\cos\theta$，或 $FG^2 = m^2 + n^2 - 2mn\cos\theta$，

又 $\because EG = d$ $\therefore EF^2 = d^2 + m^2 + n^2 \pm 2mn\cos\theta$.

因此 $EF = \sqrt{d^2 + m^2 + n^2 \pm 2mn\cos\theta}$.

说到辅助学校教育，弥补现行学校教学的某些不足之处，有些家长可能会做得多一些，有人会做得少一点，这些不是最重要的。关键是要教会孩子在学习中勤于动脑，善于动手，学会发现问题的方法，勇于动手动脑通过实验去寻找解决问题的方法，用科学的方法解决问题。既要学深学透课本知识，掌握科学课程中的演绎推理方法，又要熟悉研究科学

问题的归纳推理方法。通过辅助他们的学习把孩子引上善于发现、发明的正路，也就足够了。

为了帮助学生在学习数学课时提高动手能力，培养足够的空间想像力，教会他们发现问题的方法，引导他们增强发明意识，我发明了一套数学学具，编写成一套《数学学具》丛书，其中《高中数学学具》、《高中立体几何模型》已由科学出版社龙门书局及山东教育出版社分别正式出版，《初中数学学具》、《小学数学学具》两书正在编辑出版之中。

我以这套丛书献给当今的教育改革，帮助在校的中、小学生培养发现、发明能力，弥补现行教育的不足，也可以免去一些非教育专业的家长们为孩子制作数学学具的麻烦。

培养有足够的理论知识并且有相当的动手能力，勤于动脑思考，善于发现问题，并且掌握了解决问题的科学方法的新世纪人才，是我们教师和学生家长的共同目标，也是民族兴旺的需要。所以无须相约，只要知道了这方面的重要性，我们都会努力去做的。

十、大考临近时考生需要我们做些什么

中考、高考，考生的家长们都把它看成头等大事，因为“十年磨一剑”实属不易。学校也把它当作头等大事，因为这是检验学校工作的重要标准。社会密切关注此事，国家也十分重视此事。其实压力最大的还是那些应考的莘莘学子。身上凝聚多少殷切的期望啊，压力也可想而知。

那么，我们观察一下一般的家庭是怎样对待考生的，探讨一下应该怎样正确对待考生。了解一下考生在学校的情况如何，研究一下在大考临近时考生需要些什么，从而悉心帮助大考临近的孩子以科学的方法应考，似乎显得有些必要了。

1. 让考生有条不紊备考，微笑迎考

大考临近，往往是考生的家长们首先忙乱起来，有的忙于查着营养学方面的书籍给孩子配餐；有的还在絮叨“只能胜，不能败”的道理。爷爷奶奶把好吃好喝的饭菜亲自送上门来，并叮嘱要“光宗耀祖”；外公、外婆也打电话表示关心。这些现象虽然是可以理解的，但不一定能起好作用。

文洋是我老同学的孩子，初中毕业时，学习成绩在班内属于上游，如果正常发挥，文洋考重点高中没问题，但是文洋的妈妈对文洋照顾得过分周到，无形

中给小文洋增加了许多思想压力。尤其是我那个老同学,不知从哪本书上查到了这样的理论:“多吃肥猪肉可以增强记忆力。”于是考前劝文洋多吃了一些肥猪肉。结果到中考时,一方面考场内天热气闷,另一方面精神有些紧张,加上那些肥猪肉的作用,文洋呕吐在考场上,影响了正常考试。结果以一分之差,文洋被挡在了重点高中门外。

实际上,考生在大考临近时,心理紧张是个普遍的现象。只是有轻有重,无论轻重,都会影响他们的消化功能。别说考前多吃油腻容易造成呕吐,就是多吃了那些所谓高级营养品,也容易造成消化不良,也会轻重不同地影响考生在考场上的正常发挥。

实践证明,考生在考前,最好保持平时的正常饮食水准,一般情况下,不是要比平常多吃点儿,而是少吃一点儿为佳。如果担心饥饿,带上几块巧克力之类的糖果即可。

大考之前,许多考生也呈现出忙乱现象,该休息时也不休息,加班加点拼命学习。有人开夜车学习,打瞌睡时,用条冷毛巾擦擦脸再接着学,甚至有人熬通宵,多数学生表现得惴惴不安。如此透支那有限的精力,肯定不利于大考。

有的学校在考前集中放假,让考生们自由休息两天。长期关在教室里的孩子们,一旦放了假,就会

像逃出笼子的鸟儿，到处乱飞。有些三五成群去逛街，围着街头那些非常不卫生的小吃摊儿，乱吃乱买。有的则要组织篮球比赛，或踢足球，在球场上狂奔。甚至有的几个人相约下饭店大吃大喝。这些太松散或太剧烈地活动，这些没有规律的所谓休息，都不利于考生的生物钟调整，此时指导他们调整心态，指导他们合理休息，显得尤为重要。我在开办心理咨询室时为考生写出了微笑迎考的六条参考建议，附后：

微笑迎考

一 考前半月开始自我调节情绪，每天安排一定时间欣赏节拍舒缓的轻音乐，经常主动作微笑状态。借以调整过分紧张的神经。

二 考前十天开始增加休息时间，以调整体能，养精蓄锐，蓄势待发。

三 考前七天开始按考试时间表作息，调整生物钟，确保考试时间为一天中精神最兴奋期。

四 考前五不。考前七天不搞聚会、约会，不看情节刺激的影视剧，不打扑克、不下棋，不上网聊天。

五 考前六忌。考前七天保持平常饮食，按规律作息。忌大吃、大喝、大睡、大玩、大喜、大悲。

六 上考场七要：要自我调节情绪，忘却一切烦心事，自我暗示：今天我精力充沛（即便是睡眠不足也没关系)。

要镇定自若,若感觉有点紧张时,应该静下心来慢慢地作三次深呼吸,以消除紧张情绪。若见到试题太难,可以认为:别人可能也不会,分数都低,不影响录取。

要自信,相信自己一定能考好,即便是考不好也没关系。

要降低期望值,对自己不作过高要求。

要微笑面对监考老师,因为他不是你的对立面。

要沉着应试,卷面整洁,字迹工整。

要珍惜考场上的一分一秒,尽力争取好成绩。分数考的不理想也不哀声叹气。

微笑迎考的六条,可以简单归纳为"三调整,五不,六忌,七要"。意在让考生放下包袱,轻装上阵,以饱满的情绪,清醒的头脑进入考场,微笑面对试卷,以一颗平常心应试。只有以一颗平常心应试,答卷的速度才快,做题的正确率才高,只有这样才有可能在考场上做到超常发挥。

2. 稳定考生的情绪,减轻压力,才能提高成绩

大考临近,为训练学生的应试能力,有的学校实行月月考,有的则实行周周考。县市教研室要组织高考摸底考试,摸拟考试,任课教师要组织单元过关考试。每考还要按成绩排名次,要向全校及学生家

长公布考试成绩。每次公布成绩都是对学生的一次鞭策，同时也增加了一次心理压力。

大考临近，各班都会挂起倒计时牌，每天拿下一张，倒计时牌就显现出“离高考还有××天”的警示语。

学生面对决定自己前途的大考，面对来自学校、家庭等方面层层叠加的压力，心理压力过大，已成为普遍现象。学习任务繁重，学生过度疲劳也已成为普遍现象。有些心理承受能力低、体质欠佳的孩子，在大考之前就被压垮了。面对这个现实，家长、教师都应该尽到监护义务，注意观察他们，针对他们出现的偏差，为了他们的健康，为了他们的前途，适时地帮助他们，已免他们前功尽弃。

2003年4月9日上午，上第一节课时，有个女孩躲在教学楼的洗漱间里痛哭，我把她请到办公室后，她扒在办公桌上仍然哭个不停。我去打水，顺路了解了一下情况，回来后先给她倒上一杯水，慢慢地劝导她：“有泪不轻弹。”她哭着说：“你是不知道，我不能不哭！”

“我知道你叫吕涛，是个好学生，最近成绩有点滑坡对吧？”

“不是有点滑波，上学期在文科班排名第四，期中滑到了第四十名。前几天，全市摸底考试又降到了第八十二名。老师原先挺关心我的，现在老是批评我。我爸爸为了供我上学拼命挣钱，办了个养鸡场，前不久因故破产了。她听到我学习滑坡，落了泪，说俺："将来可怎么办啊！"

像吕涛这样的孩子，学习成绩滑坡，一般不是贪玩或其他别的什么原因。我引导她分析学习成绩滑坡的原因。她告诉我，除正常上课外，每天早晨 5 点准时起床读英语，中午不休息，在教室内学习，晚自习后，再坚持学到十一点半，才睡觉。

我问她："你是不是最近上课时常走神呀？"

"是。"

"是不是看书的时候，总是静不下心来？"

"是。"

"是不是总担心高考考不好啊？"吕涛点点头，泪水又夺眶而出。

我告诉他：你的学习成绩连续下滑，是因为最近学习效率低下，学习效率低下是因为学习时间太长，精神过度疲劳造成的。解决的办法是增加睡眠时间，增加体育活动时间。告诉她晚休需提前半小时，要在 11 点准时休息，早晨晚起一会，按学校规定 5 点 50 分起床。午休时间一定要回宿舍休息上半个小时至一个小时。

我告诉她，只有保障了充足的睡眠，第二天才有

充足的精力学习。上午的课间操要走出教室去认真做操,它可以调节连续三节课后的疲劳,保障后两节课学习精力充沛。不要小看午休那半个小时,午休睡一觉,下午精神好。课外活动一定要有一定的体育活动,它能调节体能,并使疲劳的大脑得以休息。这是保证晚自习时精力旺盛的重要一环。

我告诉她:"你现在采用的是钝刀子割肉的战术,刀子不锋利就要磨一磨,舍不得时间磨刀,用钝刀子割肉,割肉的效率自然就低得多。这就是你最近学习成绩下滑的重要原因。"

吕涛又告诉我,最近总是头痛,肚子痛,吃了一些药也不见好。我告诉她,这些也是因为睡眠不足和过度疲劳造成的。无须用药,只要调解好饮食起居,这些病症都可以自愈。

实际上,头痛、肚子痛这些都是次要的,主要是吕涛怀疑自己的学习实力,对高考缺乏自信。为解决这一问题,我找出了他们班历次考试的成绩表,详细地为她分析了她的学习实力及成绩,坚定地告诉她:你的成绩只要保持在现有水平,考个本科有希望,如果调整好学习节律,能使体能得到恢复,做到精力充沛地投入复习备考,就有把握考上本科院校。听了这些话,吕涛那双疲惫的眼睛里闪出了一点希望的亮光。

此后,我又多次主动地帮她调整学习方法。她的成绩有所提高后,我就表扬鼓励她。

过了一段时间,吕涛的头痛、肚子痛果然在没用什么药的情况下痊愈了。到全市组织第三次摸底考试时,吕涛以总分 561 分恢复了她在文科班排名第四的位置。从此她也恢复了自信,高考时以 547 分的总成绩被重点本科院校录取。

2004 年元旦之前,我照例收到了许多贺年卡,其中有一封十分精美的贺卡是吕涛从烟台大学寄来的。"在我灰心丧气的时候,是您鼓励了我;在我迷惘的时候,是您为我调整了学习方法。没有您的帮助我就不可能这样顺利的跨进大学的校门。"最后一个"谢"字,是用钢笔描了又描,以致描得笔划非常粗。由此可以看的出,适时地疏导考生的思想,调整他们的心态,对于大考之前的学生来说是多么必要啊!

类似吕涛这样的实例,我遇到过很多。在大考临近时,来自各方面的压力,造成心理负担过重。在这种情况下,学习效率低下,应试状态不佳,越考越落后,再加上学生普遍采取的疲劳战术,教师惯用的题海战术,造成学生过度疲劳。对于那些心理承受能力脆弱的学生来说,心理压力越来越大,有的甚至到了精神崩溃的边缘。

2003年理科班有个女孩叫李丹，从小学开始学习成绩一直在班内拔尖。由于学习方法太死板，到高二下学期时，班内有几个同学的学习成绩逐渐地超过了她。她性格急躁，想通过加班加点把成绩赶上去，然而越是加班加点地死学，超过她的人却越多了。到了高二下学期末，被挤出了前十名。她实在想不通，一想到成绩不如人就生气着急，一遇考试就失眠，就头痛。最后发展到不能坚持上课，李丹只好休学。休学在家她坐卧不宁，头痛、失眠更严重了，又返校学习。返校后又按照老样子拼命学习，但是，听课听不进去，做题也心烦意乱，出错率很高。甚至到了只要看见那几个超越了自己的同学，头就胀痛，面临高考，李丹心里更是着急，越是着急学习效率越低下，由于急躁情绪作怪，学习成绩更加落后，为此李丹不知掉了多少次眼泪，坚持正常学习已有困难了。

根据这些情况，我找她聊天，首先称赞她：刻苦学习的精神可嘉，但是学习方法不太科学。肯定他的学习基础扎实，指出过分重视成绩和名次是不必要的。我试着问她："是不是对高考信心不足呀？"这一问，她那双疲惫的眼中立即充盈了泪水，泪珠成对地滚了出来。她说出了自己的担心："现在的成绩考重点已无望了，要是再继续下降，连本科上线都困难了。”说着她双手抱头，可能是头又痛了。

李丹的学习成绩下降，与她的情绪急躁关系很大。急于求成的想法使她加班加点地学习，休息不足使她的学习效率低下，睡眠不足以及过度疲劳造成失眠、头痛。上述这些是表面现象，她的实质问题是过分担心高考失利。

中医治病讲究治标、治本，标本兼治。对于李丹，首先应解决他的心理负担过重的问题，而后调整其学习节律，指导其学习方法。针对她的具体情况，我帮她分析她的成绩位置，有证有据地告诉她“今年全校的学习成绩较往年有了明显的提高，另外今年高校将继续扩招。所以，就你现有的学习成绩来说，高考上线还是有希望的。”李丹听了这些后不再流泪。我又告诉她：“即便是今年考不上，那有什么了不起，凭你的学习基础，凭你那聪明劲，再复课一年会考得更好些。而且你明年才十八岁，按正常上学年龄，你明年才应该高中毕业呢。”这一番劝解把她说得有了笑容。

接下来，我为她指导了学习方法，帮助她调整了学习节律。并且找到她原来的竞争对手，要求她们多和李丹交谈，多帮助她，课间、课外活动时要主动约李丹一起散步、谈心。她逐步地减轻了思想负担，情绪也稳定下来了。由于学习、休息有了适当的规

律，失眠逐渐消失了，头痛也慢慢地不再复发了。在高考时，李丹以高出大学本科军检线65分的成绩考入了重点大学。

在大考临近之时，在此一考定终身的关键时刻，考生情绪不稳定是个必然现象。若无人及时帮助他们调整，势必影响孩子的大考成绩，也影响孩子的身心健康。家长、教师都应该细心观察孩子的表现，了解孩子们的心情，及时为他们调整心态，稳定情绪，消除后顾之忧，减轻思想压力。这是考生在大考之前最需要的事，也是我们的责任。

3. 考生有烦躁情绪，适宜疏导不宜强制

在大考临近时，许多学生心理压力过大。为加快复习进度，往往挤占休息时间学习。睡眠不足造成失眠头痛，学习时精力不充沛，学习效率自然低下、学习成绩随之下滑，因此，随着心理压力进一步增大，烦躁情绪也不断滋生。在这个恶性循环的怪圈里，每年有不少人折戟考场，名落孙山。

2001年我教过一个名叫木建的学生（木建读高三时转到了外地），根据他的学习基础，当年考个本科希望是比较大的。然而在临近大考时，木建天天烦躁不安。坐在教室内听课，觉得老师讲的什么都会，做题时却什么都做不好。在学校里学习，学不进去，就休学回家自习。在家中看书也看不下去，不得已再返回学校。这样折腾了两圈,到高考时情绪也没稳定下来,在考场上头晕脑胀,试卷答得一塌糊涂,许多试题都没做完,试题中有些平日做过的题目,在考场上也做错了。成绩出来后,木建的分数,离专科录取分数线还差5分呢!

大考临近时,许多同学变得躁动不安,虽然知道自己还有许多该复习的还没有复习,却难以稳定下情绪来静心读书。心里直盼望高考快快来临,管他怎样,立刻考完,快快了事。

由于躁动不安,在教室里坐不住,他们时常外出发泄烦躁情绪。上届复课班有个男生叫马小伟。小伟去年高考落榜就觉得很丢面子,觉得对不起节衣缩食靠种地供他上学的父母。高考临近时,他又出现了去年高考前的状况,晚上睡不着觉,上课爱打盹,该记的静不下心来记,该写的静不下心来写,看书像走马观花,写的字像书法中的狂草,学习效率极低,总恨倒计时牌翻得太慢,希望高考早日来临,快快考完了事。晚自习在校内学习学不进去,就逃课到校外散步,有时也跑到网吧去上网聊天。这事被老师发现后,老师狠狠地训斥了他一顿。小伟的爸爸知道了,大骂马小伟:"没出息到底了……"还踹了小伟一脚。马小伟内心苦恼,心情更加烦躁,心想自己今年还可能落榜。意欲出走。他主动找到我时,

我看得出他心烦意乱已经达到了极点。

我陪着马小伟去散步,表示理解他现在的心情,听他诉说烦恼,劝他也要理解老师和家长的心情。我了解他心烦意乱的症状之后,指出他晚上睡不着,上课打盹,学习效率低,是学习节律掌握得不好,睡眠失去正常规律所致。

马小伟的关键问题在于情绪急躁,毅力不足。急躁的原因是把高考看得太重,对自己的学习实力估计不足,时刻担心自己再度落榜。

针对小伟的具体情况,我首先帮他分析去年落榜的原因,帮助马小伟对近几次考试的试卷进行试卷分析,通过具体的试卷分析,找出了考试丢分的原因,指出只要是能够减轻思想负担,放下包袱,轻装上阵,考试的总成绩还有希望提高二、三十分。并且坚定地告诉他:“就凭你现有成绩,只要解决了情绪急躁这一问题,今年的高考上线问题不大。”

我帮他总结怎样学习效率才比较高,指出学习不能急于求成。并给他讲了愚公移山时讲的道理:“这两座山虽然很高,却是不会再增高了,挖一点就会少一点,为什么挖不平呢?”并指出,学习也是这样,只要坚持每天挖山不止,学习道路上的难题就会一个一个地减少,也就是说学习应是一步一个脚印地稳步前进。告诉他,学习时最怕情绪急躁,心情急躁时读的书记不住，做题出错率高，往往是欲速则不达。要求小伟在学习方面克服急躁情绪。为解决小伟的毅力不足，我抄了一段贝多芬的格言送给他："卓越人的一大优点是在不利与艰难的遭遇里百折不挠。"

为解决马小伟的晚上睡不着，上课爱打盹的问题，我帮他制定了作息时间表。最初几天到该休息时，我就去督促他，强迫他就是睡不着，也要按时静心躺在床上。约一周左右的时间马小伟就能按时休息了，心烦意乱症状也逐步减轻了。

高考时，他以 548 分考入了理想的大学。后来他自己后悔地说，去年如果能科学地安排学习与休息的话，今年已经该上大学二年级了。

大考临近，学生最需要什么？他们最需要老师、家长以及同学们的鼓励，需要肯定他们的成绩，需要稳定情绪，树立必胜的信心。需要保持正常的休息与体育活动，要适当多休息一点，以恢复体力。

大考临近时多数同学需要减轻思想压力，为了减轻考前思想压力，可以帮他们分析今年考不上，明年还有机会。即便是明年仍然考不上，也不是无路可走。让他知道许多科学家、发明家、实业家并没有上过大学。只要善于学习，勇于进取，不气馁，不消沉，天生我才必有用，是金子总会发光的哲理。让他

们懂得上大学不是人生惟一出路。总之,高考临近时,要多为他们消除后顾之忧,让他们能轻松面对高考,在考场之上,能以一颗平常心积极沉着地应考,才有可能考出水平、考出好成绩。

为此,2003年我应约专门为高三毕业班开办了心理咨询室。咨询室门口贴了一副对联,上联写:“排忧解难除杂念送你轻装上阵,”下联书:“拨云睹日明心志助君马到成功。”凡因心理压力大,学习过度疲劳,睡眠不足而导致的头晕、头痛、消化不良等症状,通过调整学习与生活规律之后很快就痊愈了。由心理压力过大而导致的心烦意乱躁动不安等症状,前来咨询室的,通过和他们耐心诚恳地交谈,消除了思想上的急躁因素,再帮他们调整好学习节律,其情绪躁动症状大部分消除,使他们能够安心学习,成绩都有了明显的提高。

大考临近时,也有少数同学出现松劲现象。对待这样的孩子,也应弄清他们的具体原因后,再做细致的思想工作。力争让这样的孩子抖擞精神再接再厉,按照大考前地学习规律安排好学习与生活。

十一、大考之后勿松劲，落榜之后不灰心

近些年来，有一个被人们忽略的问题，那就是大考之后对考生进行必要的指导。大考之后，金榜题名者，意气扬扬，自以为从此万事大吉。那些名落孙山者则垂头丧气，心灰意冷。此时，许多家长、老师也都松了一口气，或放纵他们东游西荡，或对他们不理不睬。

其实，不论是中考成功之后、等待高中开学的日子里；还是高考上线后等待录取、等待大学开学那段时间；或是大考落榜之后那些烦闷、漫长的岁月里，家长、师长都要视不同情况分别给孩子以鼓励，鼓励他们正视自己，以积极向上的态度继续努力，在新的起点处继续前进。教育他们要为打赢下一个战役作好准备工作。告诉他们在成才之路上力求“一年不虚度一日，一日不虚度一时。”

须知：“一闲出三丑。”1995 年，中考之后，本市九中学生季楠，中考成绩优秀，在省重点高中名列前茅，亲朋好友们纷纷祝贺他，同学们也时常来找他出外玩耍，在一次游玩中，不慎触电身亡。

1994 年德州一中一名男孩，以优异成绩考上了重点大学，高兴之余，整日出外游玩，不幸溺水身亡。这“不慎”、“不幸”之类的事在本市已发生了数起。

都是大考成功之后，而疏于教育、管理所致，给家庭与社会造成了不可挽回的损失。

大考失利之后，学生本人往往垂头丧气，感到前途暗淡，思想压力很大。此时家长不要斥责他，也不要冷落他，应因势利导地教育他。让他鼓起勇气，正确估计自己的实力或继续复课，以备来年再考；或鼓励他走自学成才之路；或找到适合自己发展的生活空间，以此为起点踏踏实实地开始新的生活。许多高考落榜的青年人，创业成功的实例在报刊、书籍中常有刊登，就是身边也不乏这种成功的实例，都可以成为他们的借鉴。反之，如对这些失利者，不理不睬，蔑视他们，甚至恶语相加，显然，这不是一种理智的做法。1984 年本市陵县有个女生，高考落榜后，天天闷闷不乐，家长不仅不劝慰开导孩子，反而斥责她是个“白吃饭”的，她自己也觉得活着没劲，郁闷几日后上吊自杀了。事发后，其家长才反思，已是追悔莫及了。

在大考之后，因为不考虑孩子的意愿，不看孩子学习的具体情况，而一味逼迫孩子一而再，再而三的复课，逼孩子考大学，而把孩子逼得神经失常者，在本市也发生过两例。

对于大考之后因为疏于教育，造成的致命事件虽不常见，但各地都不乏此类惨痛的教训。然而许多学生因为高考的胜利而冲昏了头脑，认识不到高考成功仅仅是成才之路上的一个新的起点，误把起点当作终点。有的过分放松自我，整日在外游玩，聚餐、交朋友、谈恋爱，以致影响了日后的继续学习；有的迷恋于上网聊天，玩电子游戏，消磨了许多大好时光；上大学后依然频繁地去网吧聊天、玩游戏，以致贻误了学业。这些现象，当今是普遍存在的。

在大考之后这个被学校教育所遗忘，被家庭教育所忽略的角落，多年来已有太多的教训了，在此，应该敲响警钟，让所有负有教子义务的人们都对此引起足够的重视。

应该指出的是：当今由于大学连年扩大招生，毕业生逐年增多，已经开始出现供大于求的局面。要想成为社会有用之才，要想在社会人才竞争中占优势，考上大学不是万事大吉，而是攀登另一高峰的开始。此时的家长们应认真地帮助孩子裁夺下一步的主攻方向，教育那些高考获胜者们，少一点沾沾自喜，多观察一点愈演愈烈的人才竞争状况，多想一点当今祖国建设需要更优秀的高精尖人才，同时社会也需要高素质的技工。因此，不论你的子女是大考的成功者，或在大考中暂时失利了，都应该以此为一个新的起点，鼓励他们，继续认真学习，拼搏进取，将自己造就成为建设祖国的优秀之才。

十二、教子德为先

少儿启蒙教育的经典读本《三字经》开篇即言“人之初，性本善。”后来有人批驳说“人之初，性本恶。”其实伴随着一声啼哭降临人世的婴儿，除了有一点求生本能外，他哪里存在什么善恶，善或恶是后天逐渐养成的。接受了良好道德教育的人才可能有较高的道德修养。养而不教，则有从恶的可能。然而人生在世，最要紧的就是一个“德”字。试想一个人若仅仅为了自私而活着，那和动物有什么区别？就育人而言，有德无才是残品，无德无才是废品，无德有才是一害，德才兼备是人才。所以说教子之道千头万绪，加强德育教育，培养孩子有个高尚的道德修养是首要的教育任务，也是最重要的教育任务。

1. 道德品质教育要贯彻教子的全过程

有人不负责任地说：“孩子小时候坏点没关系，树大自直。”其实不然，一个人从小养成的不良习惯，长大后再改也难。关于“树大自直”还是自歪？那都要看大自然对树的影响。“野渡无人舟自横”说的也是自然规律。对于孩子的道德品质教育，如果不是从小抓起，并且贯彻教子的全过程的话，那么，在放任自流的情况下，“自横”的可能性较大，而“自直”的可能性较小。持“树大自直”观点的人，当孩子长大，恶习养成之后，处于无奈，又会说“江山易改，本性难移。”把因为缺乏教育而滋生的恶习，推托归结到“本性”上面去，而继续对其放任自流，这是不负责任的做法。《三字经》中在斥责这一类人时说：“养不教，父之过，教不严，师之惰。”其实还应该指出，假若孩子有失教养，做母亲的也负有同等责任。

在教学实践中，我注意到，许多教子成功的家庭教子方式多数是有唱有和，气氛融洽。作为家长，在塑造孩子的人格方面，要有原则，有计划，并且要保持步调一致。不能你吹你的号，我唱我的调。若有意见分歧，可以心平气和的探讨，不要当着被教育者的面发生纷争。更不能在家庭矛盾中，把孩子当成选民，拉选票，以免给被教育者造成不良影响。

1994 年，北街小学的一位老师告诉我，他的班上有一个叫侯超的男孩。侯超的妈妈常来学校接侯超，见了老师的面，三句话不来就告侯超他爸爸的状，当着侯超的面斥责：“老侯对孩子可狠了”。侯超竟然也随着插嘴：“我爸爸那个 × × ×，他把我妈给骗了，把我也害苦了。”从侯超的话里听的出来，侯超的妈妈不仅有失对孩子的道德教育，而且还说了许多不该对孩子说的话。

事情也凑巧了，1998 年侯超升入高中后，恰好分在我的班里，因为他纪律性太差，我拜访了他的父

亲。谈话间,侯超竟然插话:"全他妈是我妈把我宠坏的。"从谈话中不难听出,侯超的爸爸也没有对儿子进行过"尊重长辈的教育。"同时反映了侯超的家教缺乏一致性。然而,当着有两个不同的教育指令,同时出现在被教育者面前时,被教育者往往分不清哪个是正确的,而是选择那个顺耳的接受下来。

侯超在对抗爸爸时,自恃有妈妈的怂勇。在反对妈妈时,凭借有爸爸的袒护。莫说老侯夫妇不懂德育教育的重要性,也不会培养孩子的德行。在这种缺乏一致性的家庭教育中,即便是夫妻双方有一方想对孩子进行教育时,由于得不到另一方的支持,也很难奏效。同样,家庭教育如果和学校教育不能相互配合,教育也很难有好的效果。

侯超在学校和老师有分歧,侯超的妈妈要来学校找老师争辩,为侯超护短。后来,侯超发展到哪个老师的话他也听不进去了,在课桌上留下一句话:"我要走自己的路"。从此离开了学校。请都请不回来。至今他的同学们都快大学毕业了,侯超还在自己的家门口闲溜达。

这里暂且不讨论,侯超的失败是父母之过,还是师长之惰,面对一个孩子走上了失败之路,我们在内疚与遗憾之余,应想到的是:总结侯超的父母没有共同及时对侯超进行正面教育的教训。总结侯超的父母之间以及侯超的家庭与学校之间，对侯超的教育缺乏一致性的教训。让后来者未雨绸缪，在培养孩子品格的道路上走得更稳妥些。

一个人道德品质的形成，往往与家庭熏陶、师长的言传身教、社会生活中的耳濡目染，以及受成长过程中许多境遇的影响有关。所以仅从教育孩子的角度来说，也应创造一个温馨和睦的家庭环境。在家中有活抢着干，有事商量着办，倡导民主式的家庭生活，发扬雷锋精神。作为孩子的家长，你的一言一行都直接影响着孩子世界观的形成。你的行为就应当时时事事都能成为孩子的楷模。“勿以恶小而为之，勿以善小而不为。”平时对孩子多进行正面的教育，要求孩子做到的事，家长应该以身作则，率先垂范。带孩子参加社会活动，比如参观工厂、农村，要多去看些好人好事。讲故事也要多选择些英雄模范人物的优秀事迹，讲给孩子听。孩子入托或上学后，多鼓励孩子做好人，做好事，爱劳动，爱学习，讲风格、讲奉献。

从孩子出生到孩子成人这十几年中，应时刻注重“德行”教育，循循善诱，才有可能培养出一个道德高尚的好孩子。

在女儿小的时候，我就非常注意家庭环境对她的影响，待人接物，迎来送往，自己有礼貌地做，同时

作者温馨的家庭生活

也教女儿这样做。

女儿小时候，我的老人住在我处时，白天我抽出时间，带一老一小出外散步，为老人调剂饮食，晚上打好洗脚水，帮老人洗脚，铺好被褥侍奉老人歇息之后，再去忙自己的工作。我干这些事时，女儿跟在身边，我铺被褥时，她就帮着拉拉被角什么的，有时这种帮忙虽然是越帮越忙，但我却总是表扬她做得对，因为其教育意义是深远的。

在陪孩子玩耍时，注意带着她做些公益好事。比如在公园里玩时，见到有的花草被损坏，就主动和孩子一起把它扶正。坐车主动为老年人让座。春天带孩子去植树，给路边小树浇水。冬日下雪后，和孩子一起出门扫雪。她还很小的时候，就教她收拾卫生，帮做家务劳动。在外面玩耍，遇到有人需要帮助，就主动地去帮忙。我们家有条家训是老辈传下来的，在社会生活中“能为别人做点好事时，应尽力去做，至少不做坏事。”在这一点上，我是这样做的，女儿也跟着这样学。

其实，带孩子玩耍时，做点好事，使玩耍更有意义，心情也舒畅。如果尽做些没有意义的事，玩得也没有什么乐趣。对于孩子能做的小事来说，做点好事虽然微不足道，做点没有意义的事似乎也没有多大了不起，但是如果从教育孩子的角度去理解，就有天渊之别了。因为一个人的世界观、道德修养就是在这种耳濡目染中逐渐形成，培养孩子有高尚的道德修养，才能成为社会有用的人才，若把孩子娇纵的道德沦丧了，长大后别说成才，就是做人也困难了。

孟母三迁重视教子，孟珂终成为伟大的思想家；岳母刺字教子“精忠报国”，岳飞成长为民族英雄。为后人世代称颂。成为后人教子的典范.

少年犯王义，未满 18 岁时就已经劣迹斑斑，数罪并罚，犯下死罪，其父母卖尽家中所有，赔偿被害人后，还是判了个死刑缓期执行。其父老王沦为乞丐后，才后悔在王义幼年时不该放纵他胡作非为，可惜为时已晚了。

我是个出身平民家庭的普通教员，在教育孩子上，着力引导她做好人，教孩子做的事也是从日常的小事做起。女儿从小就培养了一颗善良的心，是个勤劳朴实的女孩。上学时学习成绩优秀，劳动积极，乐于助人，每学期总能被评为三好学生，优秀班干部。与师长同学相处得都很融洽。上班后，工作上抢着干，利益面前尊让别人，与同事领导相处和睦，邮电局、电信局两次分营的工作调整中，各科室争相聘用。在科教处时被评为先进工作者；干劳资时，在全局评优中名列榜首；负责一个基层单位的工作时，能和职工平等相处，互相关爱，同甘共苦，工作能够得到管理人员的支持，得到多数职工的密切配合，工作起来也就显得非常顺利。这些无疑都是德育教育的结果。

2002年女儿二十三岁，被公司提拔做管理工作。女儿要管理的是一群年龄多数比她大的人，我对女儿的为人处世虽然比较放心，但是，面对当今许多人，当点官就自大，袖子短，眼皮长的现象，我为女儿写了几行字："人们的脸好像是面镜子，你笑他也笑。把微笑带入工作，让工作充满和煦的阳光。把微笑带入生活，让生活和谐温馨。让微笑相伴岁月，使岁月汇成一支欢快的乐曲。"当我把这段文字准备压在女儿的写字台上时，发现女儿自己已写了几个字放在那儿："人在人下要自尊，人在人上须敬人。"看了这行文字，我的心里突然有一种女儿长大了的感觉。她已经是羽翼丰满的小燕子，可以放飞了。

杨晨蕾在工作中

在多年的教学中，我也像对待自己的孩子一样，严格要求我的学生们，要求他们从一点一滴的好事做起，做好身边的每一件小事，叮嘱他们："为了明天，走好今天的每一步。"他们今天已遍布全国各地，乃至世界上许多国家，许多已成为社会上的优秀人才，虽无多少名声显赫者，但他们多数算得上草原晨风中的一颗露珠，或是原野上的一朵小花。我时常这样想，如果天下父母、师长都能够倾心教子，让辽阔的草原上布满晶莹的露珠，让原野中绽开一片馨香的小花，那时节，我们的生活空间，就应该算得上

美好无比的了。

2. 德育是个人成才的保障，也是社会选才的标准

教子成才，德育是基础。社会各行各业选拔人才时，道德品质是第一重要条件。即便是“养儿防老”的旧思想，假若儿女无德也是枉然。

我认识的一个男孩叫李三儿，李三儿家姐妹三人，唯有李三儿是男孩，老李疼爱孩子，更偏爱儿子。老李不大注重对孩子优良品德地培养，却常常教孩子自私自利，教孩子占小便宜。大家在一起会餐时，李三儿爱吃元宝虾，老李就把元宝虾端到自己跟前，帮助李三儿装入他的小口袋儿中。在外面和小朋友们玩耍，打了架，李三儿哭着回家诉苦。老李居然递给李三儿一根小棍儿说：“去！先把他们也打哭了再说。”

几年前老李卧病在床，我去他家，他告诉我：“小三儿这孩子，最不知道疼我，我这儿的好花儿，全端到他那个小家去了。上学没出息，上班儿也不正干。”指着床头的拐棍儿说：“他竟敢用拐棍儿打我呀！”听了这些，我在表示同情的同时，也心内暗自忖度，孩子今天的不孝，实属当初老李教子不当之过呀！

在教育孩子的过程中，教子成才的良好愿望，如果没有良好的道德作为基础，这其中便埋下了隐患，就有可能事与愿违。

某校男生王琛，自幼父母离异，母亲靠打零工、拾荒供应儿子上学。母亲节衣缩食，却尽力满足儿子上学的一切需求。天天让儿子穿的干干净净，家里的什么活也舍不得让他动手。王琛只要说声要钱买书、买资料，那就是要多少就给多少，从不打折扣。实在没有钱时，有时便去偷些废铁卖钱，甚至去卖血，也不能短了孩子的花销。冬天下大雪了，王琛的妈妈自己还穿着单衣，怕儿子在别人面前掉价，却舍得花钱给王琛买羽绒服，把儿子的那件旧棉衣，拆洗一遍自己御寒。自己吃饭舍不得买菜，却为儿子买火腿肠、牛奶带去学校加餐。

王琛上小学时，学习还说得过去。随着年级的升高，学习任务越来越重，致使从小就缺乏吃苦精神的王琛，产生了畏难情绪。随着年龄的增长，发育逐渐成熟，缺乏品行教育的王琛，逐渐滋生了贪图享乐的思想。爱吃零嘴，爱泡网吧，谈恋爱，甚至去泡歌厅。最终走向犯罪，不仅成才成了泡影，反而成了社会的败类。

王琛即非我的学生，王琛母子我也不认识，但是听说这些之后，我总觉得有些惋惜。我在想，当王琛的妈妈目送王琛趟着铁镣步入监房的时候；当她意

识到自己的后半生将会是只有来探视儿子，而儿子不再有权力去看望她的时候，不知她是否明白了：只养育而不教育，不仅成才没有保障，就连成人也有可能成为泡影的道理。不知她是否看到过马卡连柯专门针对这类家长的那段尖锐地批评："那些衣裳褴褛，鞋袜不整，自已舍不得花钱，一味抱着慈悲心肠为子女牺牲一切的父母，可以算是最坏的教育者。"

社会各行各业在招聘人才时，总是要把道德品质列为最重要的标准。因为，选择一位德才出众的帅才，能够服众、帅众克敌制胜。选择一名德才超群的公司经理，他能够开拓进取，壮大公司实力。聘用一个德才兼备的公司员工，他能够胜任工作，圆满完成任务。

观察用人选才问题，你会发现：贤士有公心，小人曰私利。有德有才之人赞赏有德有才之人，因为他志在社会进步。而矮子不喜世人高，只思混水摸鱼。所以选才需重德。

某中学，上级任命了一个德行偏低的女校长，此人心胸狭窄只知道利用手中的权力整人治人，全然不懂得如何调动积极性，致使教职员工与其人心相背，这位校长执政十年，该校教学工作无起色。既影响了该市教学成绩，也贻误了大批学子的前途。当这位校长被撤职以后，该校在生源未变，师资、校舍基本没有变动的情况下，经过新校长三年(一个教学周期)努力工作之后，该校各方面工作就都有了显著的提高，尤其是教学成绩的突飞猛进，令全市人民对该校刮目相看。由此，可以明显的看出社会选才应重视道德标准的重要性。

假如一个学校录用教师时，不把道德品质放在首位，所聘教师有才无德，则可能相当于放狼入羊圈，后患无穷。

有一个银行，录用的计算机高手，有才无德。就曾发生了他利用所掌握的技术，将大宗公款，巧妙地转入他个人的账户的惨痛教训。

因此许多企事业单位，在用人招工招干时，总是把思想品行放在首位。甚至有的企业老板考察一个人的道德品质时，还了解这个人是否孝敬父母。因为他们认为这是做人最基本的道德。

2004年第2期《做人与处事》杂志上刊登司欣的文章。讲述了某公司总经理选择部门经理的经过。其感人的情节如下：正在总经理对已经物色的两个候选人举棋不定之时，恰逢总经理五十岁寿辰。庆寿那天，公司员工悉数到齐，唯独少了一人，这个人正是两个部门经理候选人之一。当得知缺席原因是请假回农村为其父拜寿时，总经理佩服他因尽孝而不怕耽误升职。所以选定了这位回家为父拜寿者为

部门经理。总经理认为把一个部门交到这样的人手里他放心。

用人之道,品德为要。不仅当今社会这样,自古明君贤相早已如此,齐桓公赏识管仲为人忠勇,而不计前嫌,委任管仲为相。管仲帮齐桓公提高耕种技术,大开铁矿、煮盐,使齐国富强起来。

《三国演义》中,大将姜维,年轻时忠孝双全,才华出众。诸葛亮千方百计地把他请到蜀营,收徒授业,把他培养成为一名出色的接班人。降将魏延,斩杀先前的主人,献城降刘之后,诸葛亮却喝令:“左右与我拿下!”原因很简单,魏延屡次背叛,被视为无德之人,担心他日后再次背叛,故而欲杀其头。

古代成功人士,选才重德的实例很多。今日我们的国家是一个人民当家作主的国家,当前民主化进程进展得很快,未来的中国社会,将是一个高度民主的社会,在那样的制度下,社会选才用人会更趋于公正,人才管理也会愈来愈透明,人民群众在民主选举干部时,或是干部在选聘人才时,都会更进一步重视候选人的道德品质。

因此,我们今天培养教育自己的后代,为了能适应未来高度民主的社会需要,就应该把道德教育放在首位。换个角度说话,一个高度民主的文明社会的形成,亦应是建筑在国民有较高道德修养的大前提之上的。若从这个角度而言，将我们的后代造就成有较高道德修养，德才兼备的一代新人，是历史赋予我们的使命，我们应该记得："位卑未敢忘忧国"的名言，不辱使命。

教子做好人，培养优良的道德品质，其实多数家长都知道应该怎么做，只是重视程度不同。有人抓得紧，有人把德育教育放在可有可无的位置，甚至片面地认为孩子太守规矩了是"有点傻"，有人说"这年头老实人吃亏。"实际上，如果从长远的观点看这个问题，这种认识显然是不正确的。所以许多长者根据自己一生一世的观察告诫人们："还是老实人常在呀！"

十三、浅谈天资与学习

有人说:“老师们的孩子天资好,学习自然差不了”。其实教师的孩子也不是都能成才,教子成才的关键不在于出身门第。据专业人员调查显示,近些年来的高考状元(省级),70%左右出自农民、工人家庭,其父母大多数仅为中、小学文化程度。2001 年考入北大的 51 名状元,家住农村和县城的占 41.3%。调查证实,高考状元们也并非都是“神童”,大多数智力水平一般,少数人中等偏上。另一条重要结论是,民主家教环境对学生取得好成绩至关重要。据我多年的观察,不论是工人、农民还是知识分子家庭出身的人,家风正派,重视教育,善于教育子女而又勤奋的人,教子成功率高。养而疏于教育的人,往往就是教子失败者。艺术地教,刻苦地学是孩子成才的基础,而每个人的所谓的天资,也是在辛勤的开发中才能得以发挥、发展的。

某小学教员许某,生有一子,自幼就显得乖巧,聪敏,但是许某自身放荡,对孩子更是缺乏应有的教育,致使儿子连初中都没上完,就在社会上游荡,误入歧途犯罪入狱,将在监狱中度过他的大半生。

中学教员出身的贾校长,生有三子一女,因其本人就好玩不好学,教育孩子缺乏耐心,又常常贪恋那些公费支出的个人游乐,贻误了孩子们的前途,四个孩子中竟无一人考上大学,甚至连高中都考不上。在我们同行圈内,此类事例很多。而善于教子的农民、工人家庭的孩子,近些年来,仅毕业于我们学校的就有高考状元、留美博士等一大批成才者。当然就升学率而言,根据我的调查统计,知识分子家庭的孩子比一般家庭出身的孩子升学率略高,这主要是他们的家庭一般都有重视教育的传统。

再一点就是人们对智商问题的一点错觉。有的孩子在学习上或方法不对,或有急于求成心理,经过一段时间的努力,成绩仍不理想,就怀疑自己智商低,对于学习自信心不足。有的家长也有这类错误认识,因而,给孩子买些虚假广告所吹嘘的能提高智力的补品,或是接受那些根本就不懂医学的所谓气功大师所做的“气功贯顶”之类地益智治疗。其实都是没有科学依据的。根据我三十多年来直接观察研究过的数以千计的实例来说,一般人们的天资相差无几,正如俗话说的那样:“世上的人,谁比谁傻多少?”

根据我的观察研究,就升高中、考大学来说,只要孩子具有一般的智力水准(百分之九十九的孩子都具备),家长教子得方,加上孩子自身及学校老师的努力,一般情况下,都没有什么问题。因为升高

中、考大学近些年来录取率都比较高，并非什么百里挑一的难事，就像运动场上的四百米赛跑一样，要求运动员从起点跑到终点，不过是绕操场跑一圈而已，只要参赛选手具有一般的身体素质，而又有过正常的训练，一般都没问题。如果要求他们不仅要跑完这一圈，还要首先到达终点，夺取冠、亚军，那就既需要有点天资，更需要有平时的刻苦训练。四十岁便获得诺贝尔大奖的世界著名物理学家丁肇中，2004年访问山东大学时，接受中央电视台《大家》栏目记者曲向东采访时，记者多次问道："有人说你是个天才。"丁肇中用很坚定的语气诚恳地说："不，我很努力。"实际上，不论人们参加的哪一种竞争或竞赛，若成为一般的成功者并不难，若成为某个行业的出类拔萃之辈，那就都需要一分天资加上九分的刻苦训练。

然而对于每个人的天资来说各有各的长项。教育子女应该像木工选材用料一样，把红松选来做门窗，把紫檀送去搞工艺雕刻，让木材各得其所。孩子有的长于体育运动，有的热衷音乐，有人有绘画天赋，有人善于学习理科，有人酷爱文学。如何让孩子们各展其长，充分地发现、发展、发挥他们的长项，做到扬长避短，这也是培养孩子成为人才的艺术所在。能准确地开发孩子的天资是走向成功的基础，否则就有可能埋没了人才。

小香玉不仅有祖母常香玉般的精湛演唱技艺，也兼有祖母那高尚的道德风范，是九分辛劳加一分天资，经后天刻苦训练练就的。而鲁迅的孙子却只生了一张有似鲁迅的面孔，虽然他在其他领域可以有所成就，但是，因为写文章的事学习得太少，所以他就未能像鲁迅那样，笔锋犀利闻名天下。

事实上，对孩子的天资，能准确地发现，及时开发，因材施教地着力培养，一分辛劳一分才。能够把孩子的天资发掘、发挥到极致，就是教育子女的成功。

在我三十多年的教学实践中，观察到的众多大考失利者当中，由于记忆力不足，或理解能力稍慢；在大考之后虽然榜上有名，但考的不够理想者有之。由于心理紧张，考场发挥失常者有之，由于纯属天资不足而落榜者极少。

学习不好的学生，有的是因为没有志向，学习目的不明确，把学习当成应付公事。例如某中学，一个数学老师批评学生时问："你为什么至今还不知道好好学习呢？"得到的回答是："我为嘛要好好学习呢？"这一出乎意料的回答，竟让老师张口结舌了。后来，这个同学在不得不交的周记中，抄了这样一段话，道出了他不好好学习的原因，气歪了老师的鼻子——

“人活着就是折腾，死了才是解脱。不论怎么个活法还不是一个死吗！”像这类学生，若不尽早转变思想，怎么可能学习好？大考失利也就是个必然事件了。

有的同学学习目的不明确，学习只是为了个人将来的享乐。遇到困难时，就打退堂鼓。例如有个同学私下里这样说：“如果为了将来享福，要先苦后甜，就不如今朝有酒今朝醉，来他个先甜后苦也无所谓呀。”这类同学的学习成绩差，一般也不是天资不足，大考落榜也绝非偶然。

有的落榜生是因为从小娇生惯养，学习缺乏吃苦精神。上小学时就有赖着让家长代写作业的习惯。上中学时作业更多了，学习任务更重了。他们吃不了这个苦，于是抄袭他人作业，花钱雇同学代写作文，经常让学习为享受生活让路。这种孩子先是学习成绩逐渐落后，后来逐步产生厌学情绪。他们的落榜也在情理之中。

有些学生是因为学习方法不对头，费时费力学习效率却不高。有的是因为思想压力过大，情绪急躁，学习时总有急于求成心理，反而犯了欲速则不达的错误，久而久之越是着急学习，成绩反而越是下降。这类学生学习成绩虽然差，但经过适当的调整学习方法，理顺情绪，学习成绩是能够赶上去的。

值得指出的是，有些人学习成绩上不去，没有找到真正的原因,便错误地认为是天资不足,因而失去信心,是一种糊涂观念。常言道:“不识庐山真面目,只因身在其山中。”假如你的孩子在学习中遇到了困难,不要轻言放弃,不要气馁。一方面应及时找个有经验的老师帮助分析一下学习情况,找出原因,改进学习方法。另一方面只要有恒心,有志气、肯努力奋斗,成功就是个必然事件。“世上无难事,只要肯登攀。”说的就是这个道理。

教育孩子是一种艰辛的劳动,成功者为此付出汗水,在此获得成功的愉悦。不愿为此付出,而忙于享受个人生活的人,则可能成为教育子女的失败者。失败了将可能承受一生中无尽的烦恼与悔恨。

国无人才,民族忧;子不成才,阖家愁。劝君教子早努力,莫到终了悔当初。

附:扑克学算法

一般家庭都有扑克牌,大人爱玩扑克,孩子也爱玩。有个同乡对我说:“我那儿子,打扑克上瘾,一说学习算术就烦,要是学算术像打扑克那个样就好了。”于是我专程去他家,教他父子用扑克辅助算术学习的方法,帮他解决了诱导儿子学习算术的问题。不久他又介绍了几个同事找上门来,要求再多教一点扑克学算的方法。于是我把印有《扑克学算法》的报纸又复印了几份送给他们,并且教给了他们如何调动孩子学习的积极性。

下面就介绍一下:扑克学算法的用途;用扑克辅助算术学习的一些方法;以及利用扑克辅助算术学习的技巧。

(一)扑克学算法的用途

教学中,算术学习的要求是什么?它可以用四个字概括:“准确、迅速。”这四个字说来简单,要真正做到就不容易了。它历来是困扰教学的一个难题。常规教学中采用的办法是布置大量的书面作业,以达到熟能生巧的目的。的确,作业少了达不到熟练的程度,而布置的作业太多了,算术题又那么单调,反复地做同类作业,学生便会产生反感,在厌烦情绪下做作业,训练算术基本功,效果肯定不理想。本书介绍的扑克学算法，就是解决这一难题的有效方法。

扑克学算法是一种有趣的扑克游戏，可以在游戏中训练算术基本功。因为在游戏中学生精力格外集中，为了打赢扑克，他学习运算法则、速算技巧都很认真，可以变教学中的“要他学”为“他要学”。学习主动性增强了，学习的精力集中了，因此学习效果自然要好得多。所以这种方法是学前教学的一种较好的方式，也是引入课堂教学，用以取代那些重复性作业的一种有效的方法。

关于“准确、迅速”的算术基本功训练，有两个方面的问题是许多人都熟视无睹的。一个是对同一个计算题目，两个人计算速度的差异是惊人的。另一个就是关于“准确性”的误导。

有一个事实，常被人们忽视，就是不同的人完成同一道算术题，其计算速度差异很大。我做过多次这方面的统计。比如，出十道简单的四则混合运算题，我抽出同年级的三个学生同时做，结果是：有的三十秒钟完成，有的用了一分钟完成，最慢的用了五分多钟才完成。他们的速度比是 1∶2∶10，也就是说快慢速度之比有 10 倍之差。如果只一道题，那么也就只差几十秒钟，而对于一次数学考试中的数百次运算来说，那个累计时间差就惊人了。这就是许多考生考试时，因为时间紧张，而答不完试卷的原因之一。可想而知，如果把考场上的120分钟时间，大部分用于做普通的计算，那么思考与理解试题的时间就被挤占许多。别说这样的考生答不完试卷，就是答上的试题，由于思考与理解试题时间不足，也难以保证其正确性，其考试成绩也就可想而知了。

1978年，我的学生李秀，在中考中，数学考试后和别人一对答案，发现自己的一道大题，只因一步计算失误，整道题将不得分。然而这道大题的失分，有可能使自己名落孙山。于是本来抚摸着脸的小手，一着急竟抓破了自己的脸，泪水也就顺着小脸流下来。至今说起来她还很伤心。

在考试当中不乏这样的事例，本来解题方法是正确的，只因一步计算失误而丢了分，这使许多考生后悔万分。这其中有人因偶然出错而遗憾终生。然而更多的人都是因为基本功不扎实，口算、速算缺乏训练所造成的必然结果。

在算术计算中，计算迅速很重要，计算的准确性更为关键。许多孩子在某次考试中，出现计算失误，而事后一问，他又会做，家长在偏爱心理的驱使下，总爱用“一时粗心”解释失误的原因。于是对待失误，孩子也认为下次不再粗心就行了，而未给予足够的重视。事实上，出现计算失误的孩子，不一定都是一时粗心，一般都属于算术基本功差的表现。许多

学生平时的出错率就高，在考场上心里一紧张，出错率就比平时更高了些。如果用“一时粗心”解释考试时的计算失误，似乎在心理上给孩子以安慰，然而却误导孩子继续保持较高的出错率，而遗患无穷。

为了说明这种现象，我们不妨来看一个大家容易明白的事例：打篮球时怎样把球投入球篮，多数人都知道。如果不是比赛，你投球的命中率也可能很高，然而在赛场上就不一定了。要想在赛场上也有较高的命中率，那就要看平时训练的基本功。再如，国人都会熟练地使用筷子，夹菜入口百发百中，而洋人初学用筷子时，虽然他也清楚地知道怎样夹起，如何把夹起的菜送入口中，然而初学乍练，总免不了把夹起的菜掉落衣襟，或把菜汤抹得唇腮油光，却难以准确迅速地送入口中。实际上，不是那些洋人笨，而是使筷子的基本功还没有训练到熟练的程度。

对于简单的算术题的计算速度与准确性，孩子们的熟练程度一般分为三个等级，初级水平的孩子是掰着手指头算加减法，背口诀或用竖式计算者为中级水平。高级计算水平是张口就说计算结果，即达到了条件反射的状态。

例如计算 6+9，初级水平是把 6 拆成 5+1，然后计算 6+9=9+1+5=10+5=15。中级水平的则是背口诀：六九 十五。计算速度最快的应该是见了

6+9立即说出15,就像你用手在人眼前一晃,眼睛就会立即眨一下那样,在眨眼之时便条件反射般地反映出计算结果。

要达到这种准确与迅速的程度,靠在作业本儿上练习是很难达到的。要训练孩子达到这种计算水平,扑克学算法是个理想的办法。

简单的算数基本功是数学课的基础,而这基本功的扎实与否,将直接影响孩子学习的全过程。因为不论是初中、高中,还是大学的理科学习,其中大量的计算问题,都是按照某些新学的法则加上这些基本的算术运算而构成。这其中的算术基本运算,哪怕只有一步失误,也足以影响运算结果的正确,使整个题目的运算前功尽弃。这也是许多学生在中、高考中成绩不理想的原因之一。就连日常生活中,使用最多的也还是算术,所以训练一个过硬的算术基本功,是件终生大事,不可马虎。

在这里,我还想说的是,扑克学算法是辅助算术学习的一种方法,不是万能的,更不能完全取代常规教学,只是在学习、巩固算术的某些章节时效果明显。比如巩固加法、减法、乘法等等,尤其在提高运算的准确性及运算速度方面,是常规教学方式不可比拟的。合理地利用扑克牌编排出像本书介绍的类似的游戏方法,并巧妙地运用,能起到辅助算术学习的作用，有效地提高算术成绩。这种教学方法，让孩子们在玩中学，学得愉快；在学中玩，玩得有收获，使学和玩都变得有趣味，从而大大地调动了孩子们学习算术的积极性。

（二）用扑克游戏辅助识数教学

教孩子识数可以从孩子会说话时就开始，先教“多”与“少”的概念，后教识数，识数要从少到多耐心地教，这其间扑克是个较好利用的教学工具。

教孩子“多”与“少”的概念，应先从分辨具体实物的“多”与“少”开始，进一步就可以拿出几张扑克分成二部分，教他“多”与“少”的概念。当孩子能辨别出少量的两组物体的“多”与“少”之后，就可以用扑克牌上的图案，教他辨别认识抽象的物体的多与少了。例如，取梅花 2 与梅花 3 两张扑克，指着牌上的图案，慢慢地告诉他这上面有 2 朵梅花，那上边有 3 朵梅花，哪张牌上的梅花多呀？当他能分辨“多”与“少”以后，就可以逐步地教他识数了。

教孩子识数，也是先从数具体物体开始，例如吃饭时教孩子数筷子；掰着小手，数手指头，坐在床上分扑克牌，数着你要多少张，他分了多少张等。在哄着孩子玩时，常数一数扑克牌，或见了什么感兴趣的物体，就认真地数一下，不一定要求孩子和你一块数。他愿意重复一定给他重复的机会。他不愿意重

复，你就自己认真地数，让他听到、看到就可以了。听到、看到的次数多了，他也就会数数了。当着会口头数简单的物体后，就应逐步地教他认识数字了。认识数字，扑克牌是个较好的教具，因为扑克牌上的图案是按一定规律排列的，而且直接有数字和图案的相互对应，便于孩子记忆及辨认。比方说你拿出方块5，教给孩子数牌上图案的个数，先数上面的3个，再数下面的2个，数数的过程中，体现出5是由3加2得到的。先教他数方块的个数，再教他读“5”字、写“5”字，让他把“5”字和5个图案对应起来记忆。类似的用扑克牌逐步地教孩子从1认到10。学习1～10这十个数字的读和写，应逐个与数实际物体对应着教，用扑克牌当教具，例如在某几天中，为了辅助认识“7”，口袋中总是带着红桃7，不时地拿出来玩，一边玩一边读写。

巩固1～10这十个数字的认识，可以用扑克游戏的方法，在一堆散放的扑克牌中比赛谁先找到某一张牌。例如看谁先找到3等，先找到者为胜方。或者比赛看谁找到得多，找得多者为胜。对于3这个数字熟悉后，就可以再换一个，比如再比赛看谁先找到4等等。用以巩固1～10这十个数字的认识，进而看着扑克牌上的数字写这10个数字。

巩固1～10这十个数字的认识，也可以用玩扑

克游戏—“接竹竿”的方法。就是两个人在一堆散放的扑克牌中，找出某种扑克，从 1 排到 10，按由小到大的顺序，先排完者为胜。例如甲、乙二人比赛，甲选择排红桃，乙选择排方块，谁先从 1 排到 10，而且无错，谁就赢得比赛。

教学“1～10”这十个数字的认、读、写，是算术学习的第一步。家长要有足够的耐心，适当的诱导，可以利用扑克，也可利用其他教具。在以玩为主的前提下，在孩子感兴趣时，适时地教，并注意发现他的进步，及时表扬、鼓励。在此期间，注意慢慢地培养孩子爱学习的优良习惯。

(三)用扑克游戏辅助学习简单的加减法

当孩子学会了“1～10”这十个数字的认识、读写之后，就可以逐步地教他“增加”与“减少”这两个概念了。这两个概念也是先从具体物体的增加与减少入手。例如每人先分两张扑克牌，而后每人再分一张，就教给他说：“每人又增加了一张”，反复几次后，他就学会了“增加”一词的使用，并明白了它的意义。类似的再教他“减少”一词。接下来，就可以利用扑克牌上的图案教孩子“增加”与“减少”的概念了。例如拿出一张方块 3，再拿出一张方块 5，指着牌上的图案说：“方块 3 上有 3 个方块，方块 5 比方块 3 上增加了 2 个方块”。类似的反复训练使用“增加”与

"减少"这两个词,并在生活和游戏中经常用准确的算术语言描述说明所遇到的"增加"与"减少"的具体问题,逐步的他就能准确地理解、使用这两个概念了。

"增加"与"减少"概念清楚之后,才能开始教简单的加减法,加减法的教学,还是先从具体物体的增加入手,例如,在商店门前原有两辆汽车,又开来了一辆,就对他用数学语言讲加法,并写出算术式子"2+1=3。"玩扑克时就可以利用扑克牌上的图案讲加法,例如拿出红桃3和红桃2两张牌,通过数两张牌上一共有多少桃子,教"3+2=5"的问题。教3+2=5的问题,对于初学者来说,需要多次重复,才能掌握。可以再拿出梅花3和梅花2,先教给孩子数两张牌上梅花的个数,写出"3+2=5",如果还是学不会,就可以再拿出方块、三角类似地教。慢慢地,孩子就能学会了。也可以用类似的方法教减法。

用于巩固简单的加减法的扑克游戏,叫做"抢牌"。"抢牌"的游戏规则就是把10以内的(初学时使用扑克牌上的数字可以小一些)扑克牌均分为两份,甲、乙两人各取其中一份后,每人扣着出一张牌,喊着口令同时翻开,对于翻开的两张扑克牌上的数字作加法,先算对结果者为赢家,赢者把所出两张扑克牌收归已有,这样反复进行,最后以手中牌多者为

胜。

例如甲、乙两人均分扑克后，甲、乙扣着出的扑克，翻开后分别是红桃 3 和三角 2，那么，谁先算完，并抢先说出 3 + 2 = 5，就算谁赢。赢方把这两张牌收归己有，放在自己手中扑克的下面，继续出牌，接着比赛。用类似的玩法，若规定作减法，就可以巩固减法运算。不过，进行减法运算必须先规定所出两张扑克中用较大的数字减去较小的数字。

这种“抢牌”游戏也可以三个人一起玩，也就是把扑克牌均分三等份，而后开始比赛。比赛时三人每人扣着一张扑克牌，喊着口令同时翻开。作加法，谁先算对这三个数的和，谁就是赢家，赢家把所下三张扑克牌收归己有。最后以手中扑克牌的多少论赢输。例如甲、乙、丙三人均分扑克后，每人扣下一张，翻开后，分别是梅花 3、方块 4、三角 7，则谁先算完 3 + 4 + 7 = 14，谁就是赢家，赢方把所出三张扑克牌收归己有。接着再第二轮出牌，类似的继续比赛，最后以手中扑克牌的多少分出冠军、亚军。

下面再介绍一种巩固加减法运算的扑克游戏规则，参赛选手每人摸起十张牌，由年龄最小者先出一张牌，要求下家出一张相同数目的牌，或者用自己手中的两张牌上的数字通过相加或相减凑出这张牌上的数，若手中牌上的数字凑不出该数，则再去摸牌，

直至手中的牌能凑出那个数为止。第二人出牌之后，再以同样的方法，在自己所出的一张或两张牌中任选一张牌上的数字，要求下家用自己手中的一张牌，或用两张牌通过相加、减凑出这个数，如此循环，参赛选手谁先出尽手中扑克者为赢家。此种游戏可以二人玩，也可以三人或四人同时玩。

如果把上述规则中的“用自己手中一张或两张扑克牌上的数字相加、减”，改成“用一张或三张扑克牌上的数字相加减”，这种扑克游戏则可用以巩固三个数的加减混合运算。

像这样通过玩扑克牌游戏，学习、巩固算术知识，打上一把扑克牌所完成的作业量，如果是写在作业本上，一本也未必能写得完。如果说这样做节约了作业本，省钱微不足道的话，那么节约了时间，提高了学习效率，则是用金钱难以买到的。所以说做家长的多抽出点时间，耐心地哄孩子多打两把学习算术的扑克，对于教育子女来说，是划算的、也是必要的。游戏中和孩子适当争抢的同时，要把自己取胜的方法教给孩子。例如，两人所出的牌分别是梅花 7、方块 8 时，如果孩子计算得慢，那你就可以抢先说出 7 + 8 = 15，然后，耐心地指着梅花 7 上面的图案告诉孩子，7 是 2 和 5 组成，如果先把 2 与 8 相加，得到和是 10，再加上 5 和是 15。进一步教他背诵口诀：七、八、十五。由于学习了速算能够赢牌，此时他会听得专心，记得也牢固，用上几遍也就达到熟练程度了。如果在哪一次比赛中孩子算错了，一定要耐心地帮他改正，并利用扑克上与数字对应的图案让他明白正确的计算方法及结果。总之，用扑克游戏巩固简单的加减法，是以娱乐为主，而把算术学习有机地融入其中。所以，不能一次教得太多，许多知识要逐步地教，视孩子游戏中的需求而教。例如，教加法口诀，是用到哪个时，就教给他哪一个，最后再归纳总结，并把加法口诀抄在一张纸上。教时要有耐心。对于初学算术的孩子，总要经过数手指头算加法的过程，或数两张牌上的图案作加法，要给他足够的思考时间。自己也要模仿孩子的样子，沉着气地通过数两张牌的图案作加法，此时要故意"抢"在孩子说出答案后，家长再说答案。如果他算错了，也要耐心地和他讨论错在哪里，甚至你故意算错后，让孩子给你纠正，并为人师表地表现出虚心接受的姿态。因为孩子如果能虚心接受批评，也是从成人那里学来的，而不是天生的。和孩子游戏的过程，也正是培养孩子品行的过程。

（四）用扑克游戏巩固简单的乘法

学习乘法，应先讲乘法的意义，教乘法法则，再背乘法口诀，即《九九歌》。可以利用扑克牌中几个

相同的数字连续相加讲解乘法的意义，和孩子一道总结归纳出乘法口诀，逐步地从 1×1 = 1 总结到 9×9 =81 之后，都把它写在一张纸上，或找出学算扑克中印有《九九歌》的哪两张“大王”、“小王”，教孩子背诵。

例如，找出一张红桃 3，一张梅花 3，做加法，规范地说：“两个相同的数相加，可以写成乘法的形式”。同时写出两个算式进行比较：3 + 3 = 6；3×2 = 6，说明“乘法算式 3×2 的意义，就是两个 3 相加”，学懂之后，总结出乘法口诀：“二三得六。”

学会“二三得六”之后，再找出方块 3，利用扑克牌中的三张 3，引导孩子作加法，3 + 3 + 3 = 9，再说：“三个 3 相加，可以写成 3×3 = 9 的形式”，并总结出乘法口诀“三、三得九”。

类似的再归纳：一四得四；二四得八；三四一十二。逐步的把这些口诀学会之后，再拿出扑克牌中的四张 4，慢慢地归纳：4 + 4 + 4 + 4 = 16，可以写成 4×4 = 16，并总结出乘法口诀：‘四四一十六。”

像这样逐步地总结归纳出“从 1～9 的全部《九九歌》”后，先引导孩子背诵。基本能背会之后，就可以用扑克游戏中“抢牌”的方法巩固《九九歌》了。游戏的规则如下：先把扑克牌中的 10、11、12、13、0（大、小王）抽出不用，把余下的牌平均分成两等份，甲、乙二人各取一份，每人扣在桌上一张牌（自己不看牌上的数字，也不让对方看牌上的数字），同时翻开后对两张牌上的数字作乘法。先说对结果者为胜，败方把所下的两张扑克收起来，最后看谁手中扑克牌少，少者为赢。或当其中一人把手中扑克牌出尽了，先出尽扑克者为赢。例如，甲出的扑克是红桃3，乙出的扑克是梅花3，谁先说对“三三得九”者为胜方。再如甲、乙每人扣出的一张扑克分别为梅花7、三角8，则先说出“七八五十六”者为胜。

像这样，先借助扑克牌上的图案，研究相同加数相加与乘法的关系，结合书面写算式的方式归纳进行比较，总结出乘法法则，逐步归纳出《九九歌》，再用扑克游戏辅助记忆《九九歌》，一般孩子们打上几次这样的扑克，也就能熟记《九九歌》了。为了在扑克游戏中能赢牌，孩子们会主动地背熟《九九歌》，在游戏中如果谁背错了口诀，就会立即被对方纠正。此时，因为是在比赛中，精力都十分集中，所以对于容易背错的口诀，用不了几次纠正，就会记住了。

如果小学老师用这种方法巩固《九九歌》，无须布置学生要把《九九歌》背多少遍、写多少遍，只须宣布明天打抢牌比赛，同学们就会在赛前主动背熟《九九歌》，跃跃欲试，准备参战了。如果有人还没背熟，他在比赛中也会受到促进，从而背熟口诀。

在比赛后，教师要郑重地把学算扑克中的金牌、银牌，颁发给每小组的优胜者，认真地宣布谁取得了亚军，谁获得了冠军。并表扬先进，鼓励进步，有效地调动学习《九九歌》的积极性。

(五)用扑克游戏训练运算的准确与迅速

算术四则运算是从小学、中学到大学的理科学习中，乃至平常的生活或工作中，用途最广，也是最基础的数学运算。这种运算的基本功是否扎实，运算能否做到准确、迅速，将会决定一个人历次考试中的答卷速度及正确率。

巩固算术四则运算的准确与迅速的扑克游戏很多，下面分别介绍几种。

第一种叫做“抢牌”。游戏规则如下：三人均分扑克后(初练者把牌中 11、12、13、0 抽出不用)，每人扣在桌上一张牌，同时翻开，用这三张牌上的三个数字各编一道四则运算题(运用加、减、乘、除运算)，谁编的题目计算结果最大(约定最大结果不能超过 60)，谁就是赢家。赢家要公布自己的算术式子及计算过程，经大家公认无误之后，就把此次所出的三张扑克收归已有。然后再重复进行比赛，直至三个人中有人把手中扑克牌输光为止。以各自手中牌多者为冠军。

例如：甲、乙、丙三人各扣着出一张牌，翻开后分别为红桃 4、梅花 9、方块 10。

甲第一名算完，其结果是：(10 － 4) × 9 ＝ 54；

乙第二名算完，其结果是：(9 － 4) × 10 ＝ 50；

丙第三名算完，其结果是：9 × (10 － 4) ＝ 54。在此次比赛中判定甲为胜方，因为乙计算的结果小于甲不能取胜。丙的结果虽与甲相等，但因其计算速度慢也不能取胜，所以甲为胜方。甲把所出的三张扑克牌收归己有。

又例如：甲、乙、丙三人各扣着出一张牌，同时翻开后分别为三角 7、红桃 6、方块 3。

丙第一名算完，其结果是：6 × 7 ＋ 3 ＝ 45；

乙第二名算完，其结果是：(3 ＋ 7) × 6 ＝ 60；

甲第三名算完，其结果是：(6 ＋ 3) × 7 ＝ 63。此次比赛，应判定乙为赢方。丙的计算速度虽然快，但结果小于乙不能取胜；甲的结果因大于 60 而违例。所以由乙把此次所出的三张牌收归己有。

再如：三人各扣着出一张牌，同时翻开后分别是红桃 12、方块 2 和梅花 10。

丙第一名算出，结果为：12 × (10 － 2) ＝ 60；

甲第二名算出，结果为：12 ÷ 2 × 10 ＝ 60；

乙第三名算出，结果是：12 × 10 ÷ 2 ＝ 60。此次比赛中丙的计算错误被淘汰。甲乙二人计算结果相同，因为甲的计算速度比乙快，所以此次比赛甲为胜

方。由甲把所出三张扑克牌收起来。

如此重复比赛，直至三人中有人把手中的扑克牌输光为止。或者限定比赛时间。比如说比赛 25 分钟，时间一到，大家以手中牌的多少论赢、输，分冠、亚军。

这种扑克游戏，一般是三人一组进行比赛。如果是两人比赛，那就每人每次扣着出两组扑克牌。比方说，甲同时扣着出两组扑克牌，第一组一张，第二组两张，那么，乙同时扣着出的两组扑克牌，第一组就是两张，而第二组是一张，然后依次分别同时翻开做两次比赛，规则同上。

至于游戏规则中计算结果最大“不能超过 60 的约定”，应是在比赛前协商约定。在游戏中，如果把最大数约定为“不能超过 60(或 70)”，则运用加法、减法、乘法的频率较高；如果把最大数约定为“不能超过 40(或 50)”，则在游戏中运用加法减法、除法较多，每更换一次最大数的约定，四种运算的使用频率就有所改变。为了变动比赛中加、减、乘、除的使用频率，达到巩固四则运算的目的，可以打两把就改动一次最大数的约定，这种变化主要是为了扩大训练题目的范围，同时也能增加游戏的乐趣。

也是为了达到上述目的，下面再介绍一种叫“凑 24”的四个人为一组的扑克游戏规则：四个人先把扑克均分后，每人扣着出一张牌，同时翻开后用这四个数字各自编一道四则混合运算题，运用加、减、乘、除运算（每个数字只用一次），看谁编的题目计算结果是 24，或最接近 24。比赛中抢先公布自己的计算结果，待都说出结果之后，再检查优胜方的计算过程是否正确，以确定取胜资格。但是赢方只从计算速度快的前三名中选取，也就是说第四名因为最慢，一般不能取胜。这叫做末位淘汰制。当着前三名中有人计算错误，且第四名计算方法正确，第四名才能参加评比。最后赢方把此次所出四张扑克收起来之后，继续下一轮比赛。

例如，甲、乙、丙、丁四人扣着出的扑克，翻开后分别是方块 5、方块 6、红桃 7、三角 10，

丙第一名算出，结果是 $5+6+7+10=28$；

丁第二名算出，结果是 $(7-5)\times6+10=22$；

甲第三名算出，结果是 $(10-7)\times6+5=23$；

乙第四名算出，结果是 $(10-6)\times7-5=23$

此次比赛，乙算的最慢被淘汰，甲计算的结果最接近 24，由甲把四个人所出的四张扑克收归己有。

又如四人所扣着出的四张扑克翻开后分别为：红桃 4，方块 11，梅花 8，司令（即 0）。

丙第一名算出，结果是 $3\times11-8+0=24$；

丁第二名算出，结果是 $3\times8+11\times0=24$；

甲第三名算出,结果是 $3+8+11+0=22$;

乙第四名算出,结果是 $0\div11+8\times3=24$.

此次比赛,丁为胜方。丙第一名算出,但是结果错误,应淘汰出局。乙最后算出结果,而且正确,可以参加评比,但速度不如丁快,所以丁为胜方,所以所下四张扑克,由丁收入自己手中。

如此反复进行比赛,直到四人中有人输光了手中的扑克牌为一局。按照手中扑克牌的多少,排定冠、亚军名次。

经过训练的学生,在课堂上或在课下进行一般的四则运算时,其运算的准确、迅速,往往令没有训练的同学们刮目相看。在生活中算个买柴米油盐的小账儿,其速度之快,往往令旁观者惊叹不已。这些都是我多年来训练许多孩子的实际感受。如果你也用此法训练了你的孩子之后,相信你也会收到同样的效果。

(六)用扑克游戏巩固分数运算

分数运算是小学数学教学的一个难点,学生学会基础知识后,须作大量的作业才能巩固。如果用扑克游戏辅助学习,巩固分数运算,既可以解决这一矛盾,也能够收到比较理想的学习效果。

巩固两个分数大小比较的扑克游戏,可以这样进行。两个人先把扑克均分(初学时选用数字较小的那些扑克牌，逐渐地再选用较大数字的扑克牌)，均分后每人扣着出两张牌，同时翻开(规定每人扣出的两张牌中，数字小的是分子，数字大的是分母，组成一个分数)，比较大小。先说对者为赢家，所下四张扑克牌由赢家收归已有。最后以手中扑克牌多者为冠军。

例如甲扣着出的两张牌，翻开后分别是红桃 3 与方块 2，组成的分数$\frac{2}{3}$；乙扣着出的两张牌，翻开后分别为梅花 8 和红桃 4，所组成的分数为$\frac{1}{2}$. 则先说对："$\frac{2}{3} > \frac{1}{2}$"者为胜，胜方把这四张牌收归已有。类似地再进行下一轮出牌、比赛。

关于巩固分数运算的扑克游戏规则，简单介绍如下：把扑克均分为两份(初学时先选数字较小的扑克牌，逐步扩大到 10 以内，大于 10 的扑克牌和 0，一般不用)，两个参赛选手各取一份，每人同时扣着出两张扑克，规定每人扣着出的两张牌上的数字比较大的为分母，小的为分子，两人同时翻开后，对所组成的这两个分数作加法。先算对者为赢，赢家把所出四张牌收入自己手中。如此反复比赛，最后以手中牌多者为胜。用于练习简单的真分数的加法。

例如甲扣着出的两张牌是红桃 6 和梅花 2，所

组成的分数为$\frac{1}{3}$;乙扣着出的两张牌是方块1和三角8所组成的分数为$\frac{1}{8}$,同时翻开后,先算对$\frac{1}{3}+\frac{1}{8}=\frac{11}{24}$者为胜方。

再例如甲扣着出的两张牌翻开后是红桃6,方块3,所组成的分数为$\frac{1}{2}$. 乙扣着出的两张牌翻开后是梅花7,梅花10,所组成的分数为$\frac{7}{10}$.

甲先计算完结果是$\frac{1}{2}+\frac{7}{10}=\frac{12}{10}$,

乙后计算完结果是$\frac{1}{2}+\frac{7}{10}=1\frac{1}{5}$.

此次比赛中,乙为胜方。甲的计算速度虽快,但运算结果不符合分数计算的要求,所以不能取胜。此次比赛,由乙把所出四张扑克收归已有。

如果事先规定,每人出的两张牌中数字比较大的为分子,数字小的为分母,与上述方法类似的进行比赛,就可以巩固假分数的加法运算。

再如,如果规定两人所出的两张牌分别组成的两个真分数,用比较大的一个减去较小的那一个,就可以巩固分数的减法运算。

如果用类似的规则,类似的规定两个分数相乘或相除,就可以用扑克游戏的方法,巩固训练两个分数相乘或相除的运算了。

巩固分数运算的各种扑克游戏活动应该和分数教学同步进行，用于配合书面作业，训练分数运算的基本功。

（七）用扑克游戏巩固有理数的四则运算

有理数的四则运算是初等数学的基础，因而它是初中教学的一个重点。

有理数的运算与小学算术运算的不同点，仅仅在于多了性质符号的运算，有些初学者不知道应该先确定运算结果的性质符号，再按照相应法则作绝对值运算，而是眉毛胡子一把抓，运算中乱了章法，使运算出错率较高。其实解决这个问题的方法很简单，只要先给学生讲清楚，有理数四则运算必须分两步走：第一步先确定运算结果的性质符号，第二步再作绝对值运算。用扑克游戏的方法训练一下，促其巩固各种运算的符号运算法则，问题也就基本解决了。

巩固有理数的加法的游戏规则，就是先规定扑克牌中的红桃、梅花（红色牌）上的数字为正数，三角、方块（绿色牌）上的数字为负数，大王、小王都为零。二人均分扑克后，分别扣着出一张牌，同时翻开后作加法，先说对结果者为赢家，赢家把所出扑克收归已有。如此反复进行，直至一人输光了手中的扑

克牌为一局,或以手中牌的多少分胜负。

类似的,只要规定好两个人中谁出的牌为被减数,另一人出的牌为减数,就可以用类似的游戏方法,巩固训练有理数的减法运算了。

例如,约定甲出的牌上的数字为被减数,甲出的是梅花 5,记作 +5(规定红色牌上的数为正数)。乙出的牌上的数字为减数,乙出的牌是三角 7,记作 -7。谁先说对了 $(+5)-(-7)=+12$ 者为赢,赢家把所出的两张牌收归已有,类似地继续出牌进行下一轮比赛。

如果要巩固三个数连续相加或相乘,那就用类似的规则把扑克分成三份,三人参赛即可,用于巩固有理数的连续相加或相乘运算。

至于巩固三个或四个有理数的混合运算,训练提高运算的速度和准确率,可以先规定红桃、梅花上的数字为正数(即规定红色牌上的数为正数),方块、三角上的数字为负数(即规定绿色牌上的数为负数),而后采用类似于前文介绍的巩固算术四则运算的游戏规则,玩“抢牌”游戏即可。游戏时三人(或四人)均分扑克牌后,每次各扣着出一张牌,同时翻开后,作加减乘除四则运算,计算的结果最大,并且速度最快者为胜方。至于事先约定“不大于 60”,即可以改成 70 或 40 等。也可以改为:比赛看谁算出的结果最小，计算速度最快，但是最小不得小于 -60 或 -40、-70 等。这些规定都是事前参赛队员协商约定，每打两把后就应修改一下，借以调整加、减、乘、除四种运算的使用频率，达到拓宽训练面的目的。

扑克学算游戏的方法，原理很简单，那就是把扑克牌当成了有相应图案的数字卡片，借助扑克牌上的有规律排列的图案教幼儿识数；帮助学前儿童学习加减法；也可以运用扑克牌上的数字训练小学、初中的学生的心算与速算。虽然不能取代常规教学方式，但适当的用它辅助数学学习，其效果却是非常理想的。尤其是在训练学生口算、速算的准确率和运算速度方面，有着事半功倍的显著效果。它的另一个特点是通过在班内组织学算扑克比赛，可以减少后进生的掉队现象。因为所谓后进生，他们往往是因为对学习不感兴趣而厌学，但是他们对于比赛争胜负的兴趣往往比较浓厚，所以为了能和大家一起玩扑克游戏，并且在游戏中能赢，他们会积极主动地学习有关算术知识，因而能有效地提高这部分学生的学习积极性。

(八)艺术地掌握输赢

在每一种学算扑克游戏的开始阶段，都要适当地控制输赢。因为游戏中孩子如果输的太多，他对

游戏失去兴趣,学习算数也就无从谈起。如果赢得太多,孩子容易产生盲目骄傲情绪,对于学习算术也不利,游戏也会失去吸引力。要让孩子在游戏中通过自己的努力赢得比赛,他才真正会为赢得荣誉而兴奋,产生更高的学习欲望。

一般地,初学算术的孩子,计算速度慢,出错率高,但好胜心却比较强。此时,教孩子玩学算扑克,应该不显山露水地让他赢多输少。通过一段时间的教学,孩子对某一种学算扑克玩得比较熟练之后,再让他输多赢少。并且及时地向他介绍经验:“这是苦练算术基本功的结果。”

在和孩子玩学算扑克时,既要有长者风范,又要放下家长的架子,在平等竞争中,总让孩子感到实力和你旗鼓相当。你也要着力渲染一种“棋逢对手,将遇良才”的竞赛气氛。这是家长与孩子玩学算扑克的艺术。

王建是个不太爱学习算术的孩子,五岁时,作简单的加减法还是错的多对的少,而且很慢。王建妈每次说:“我教你点算术吧?”王建总是反对:“咱不学算术行吗?”当我说要跟他打扑克时,他便很高兴地拿来了一副扑克,听说要教他玩学习算术的扑克后,情绪又一落千丈,勉强和我应付,在讲明白游戏规则后,我开始哄着他玩。我和王建每人每次出一张扑克，对两张扑克上的数字作加法，谁先算对谁就赢。我赢了告诉他我是怎样计算的，教他计算方法。他输了我给他指出出错原因，帮他找到正确的作法。他每赢一张扑克我就鼓掌，鼓励他继续努力，并适当表扬。在游戏中我不显山露水地让着他，经过一个多小时的奋斗，他终于赢了。于是王建自认为：算术比我并不弱，主动要求继续和我比赛。第二把比赛我仍然以教他算术知识为主，但让他输了。他很着急。这时，我指出他计算方法掌握得不好，于是他主动要求我教他计算方法。学习了计算方法后，我们再次比赛，王建赢得了第三次扑克学算比赛。通过玩学算扑克游戏，解决了王建厌烦学习算术的心理，对自己学习算术的能力，也有了信心。并主动提出，学习一段时间后，再找我"大战一场"。后来又经过一段时间的扑克学算游戏，王建的算术水平有了显著的提高，再学算扑克比赛中，真的能和我不相上下了。

洪霞是个性格比较内向的女孩，玩学习算术的扑克游戏，是和同年龄的小伙伴学的。因为小伙伴们学得比她早，又都练过，比她熟，也无人让着初学者，所以游戏中总是输，玩了几次，就不愿意玩了。背地里对她妈说："他们脑袋瓜可快了，俺斗不过人家。"这说明玩学算扑克中只输不赢，就有可能伤害

自信心，不利于孩子的学习。所以玩学算扑克，最好是家长先教会孩子，然后再让他去参加同龄孩子之间的比赛，同时应教会孩子善于总结失败的教训，能够经得起失败，树立战胜强手的信心。

学算扑克的输与赢是激发学习兴趣的重要因素，教学中适当地控制输与赢，用“赢”帮助孩子树立信心，提高兴趣，诱导学习。用“输”扼制孩子的盲目骄傲，激发学习兴趣。适当调解输、赢，可以让孩子玩得开心，学得积极。当你把算术知识及速算方法全部教会了孩子，经过一段时间的训练，你若发现在和孩子的比赛中，已经不能控制输、赢的时候，你就该暂停这种游戏，改玩新的扑克游戏了。

（九）在游戏中培养公平竞争的品格

当今世界是个公平竞争的世界，训练孩子的各项基本功，是为了将来参与竞争，凭借个人实力和优良的竞赛品格，去赢得竞争。因此，在扑克游戏中，公平竞争，训练良好的参赛风格，是很重要的一个方面。

王寓是个很机灵的男孩，人见人夸，既是爷爷、奶奶怀中的宝贝，也是姥姥、姥爷的掌上明珠。大概是宠爱的话听得太多了，所以听不得半个“不”字。打扑克也是只能赢不能输，输了就哭闹。奶奶教王寓玩学算扑克，每次都是王寓赢牌，后来都觉得没趣，也就不玩了。王寓的算术学习，也因此而没有长进。

实际上不论什么竞赛项目，只要缺少了公平竞争，这种竞赛的胜负就没有多少价值，竞赛也难以取得良好的效果。因此，在学习算术的扑克游戏中，要教孩子们按游戏规则办事，如果有的孩子暂时做不到，也不要急躁，慢慢地训导他逐步做到。否则游戏和学习都无法正常进行，也不利于培养孩子的竞赛品格。

1992 年我在德州九中住时，同院有个男孩叫皮皮，性格活泼、顽皮可爱，可是皮皮妈说："这孩子太笨，一做算术题，就出错。还不讲理，跟谁玩扑克也得他赢，否则就耍赖。"于是，我到他家教他玩学算扑克，先玩每人出一张牌作加法的游戏。皮皮听说我要和他打扑克很高兴。可是，我讲的游戏规则他不遵守，先是输了牌就耍赖，把牌抢到自己手中。后来又耍小聪明，趁我不注意，偷拿牌，让你哭笑不得。他妈妈着急地说："这孩子没法教！"我却从皮皮的顽皮之外，看到他的机灵、可爱之处。先对他的不守规则不气不急，一边哄着他玩，一边认真地教他加法法则和速算技巧。并给他讲道理："要想赢牌就应该算得准、算得快，凭自己的真本领赢，才算光荣。"我发现他偷牌，就和他开玩笑说："偷拿牌叫小偷。小偷

的干活，逮着拉脖。”并用手比作刀状，在他脖子上比划一下，逗得他咯咯直笑。游戏中，他算对了，我就表扬鼓励。他算错了，我帮他纠正，并逐步地纠正了他不守规则的毛病。慢慢地使他懂得了不守规则是错误的行为，就是赢了牌也不光彩。游戏逐步趋向正规，皮皮的算术基本功，也有了一定的提高。经过几次训练后，皮皮终于可以凭自己的真本领赢得比赛了，也从中体验了成功，获得了由衷的喜悦。

（十）扑克游戏中的诱导与鼓励

学习算术的扑克游戏，对于会玩的孩子有吸引力，对于初学的孩子，则应该采取一定的方法诱导他参与，鼓励他学习，并且指导他如何取胜。

用扑克游戏的方式，教孩子学习算术，最初孩子可能不感兴趣，在孩子有了一定算术基础的时候，要会诱导孩子玩学算扑克。可以两个大人演戏式的先按照学算扑克的规则，认真玩扑克游戏，或者请邻居的大孩子们到你家玩，先给孩子做示范，当孩子跃跃欲试时，一定要认真宣布竞赛规则，在比赛中适当地指导他赢得比赛。赢了以后要有庆贺的气氛，或有所奖励，奖品可以是一枚剪纸红花、一枚奖牌，或者满足一个他想玩的请求。记得我女儿第一次赢了牌之后，她提出的要求是骑大马。我驮着她在床上爬了一圈后，她非常兴奋，要求我再和她打一把。

再打第二把时，她学习计算方法更认真了。每出一次牌，她算得准，我表扬；算得慢，我鼓励；算错了，我就和她争辩。总是在她说出运算结果的前后，和她抢着说答案。竞赛气氛显得很激烈。第二把比赛是我赢了。赢的虽然从表面看很艰难，但最终还是我赢了，我赢了牌也像小孩子一样，手舞足蹈地自我庆贺一番。虽然是和孩子儿戏，但是做得要很投入，因为只有你认真和她玩，她才可能产生浓厚的兴趣，才能调动继续进行扑克比赛的积极性和学习算术的主动性。

三口人坐在餐桌旁共进晚餐时，我们仍然兴致勃勃地谈论，打扑克中的比赛战况，总结胜败原因，妻子也表扬女儿："好哇，我的女儿真棒！能够战胜教数学的爸爸了。"女儿面露得意之色，跃跃欲试，提出饭后再战。就这样，我利用业余陪女儿玩耍的功夫，训练了她的算术基本功，为她后来的学习奠定了扎实的基础。

用扑克游戏的方式辅助算术学习，要把邻居的孩子一起教，两个孩子打扑克比孩子与大人比赛兴趣更浓，如果此时大人在一旁当个公正的评判员，裁判输赢，指导比赛，学习效果会更好。如果小学老师组织学生玩学算扑克游戏，进行班内比赛，先赛出小组冠军，再由小组冠军赛出全班冠军。学生们准备

比赛的过程,就是主动学习算术的过程,比一般学习要认真得多,兴趣也会浓厚得多。

我也见过这样的家长,和孩子一块玩学算扑克时,由于急于求成的心理,不会顺着儿童的心理说话,艺术地诱导孩子学习知识,在孩子出错时,不是训斥,就是发脾气,于是没玩一会就不欢而散,这样的教法绝对是失败的。

用扑克辅助算术学习,形式是游戏,把算术学习寓于其中,玩是学的载体和原动力,如果玩得不高兴,那么学的积极性就没有了。实践中,用扑克游戏辅助算术学习,和孩子玩得越是开心,孩子的算术基本功提高得就越快。在扑克游戏中恰当地控制输赢,就能保持孩子的兴趣始终浓厚,适时地表扬与鼓励他们的进步,用以保障孩子旺盛的学习积极性,以及适可而止地掌握一种扑克游戏的开始与结束,这是玩扑克游戏的艺术。

适时的选择新的一种扑克游戏,是为了巩固相应章节的算术知识及运算速度,通过一段时间的训练,该部分知识掌握的比较熟练后,就应该停止这种扑克游戏,而根据新学知识的需求,改换另一种新的扑克游戏了。也就是说用扑克辅助算术学习,应该有机地选用游戏的方式,巩固相应的知识。善始善终,让游戏为学习所用,使扑克牌成为学习算术的一套学具。

节假日，闲暇时，与孩子打两把扑克，既可以共享天伦之乐，又将算术学习融合于游戏之中。周末休息时，课外活动中，师生组织学算扑克比赛，既可以缓解教学紧张气氛，又能巩固所学知识，训练过硬的算术基本功，此寓教于乐两全其美之事，君何乐而不为呢！

关于学算扑克牌的设计构思

一、扑克牌正面，红桃、梅花用红色，图案要像实物。让孩子一看就能认出是桃子、梅花。方块用正方形，三角用正三角形，边线都用黑粗实线，形内用墨绿色。

大王、小王上印“九九歌”。并用彩色在中间印一个大个的“0”（大王印成红色，小王印墨绿色）。

二、扑克的背面均印10个圆（用黑粗线），左侧的一列五个，图形内部印红色，右侧一列五个，图形内部印墨绿色。其余底色花纹图案可以从满足儿童心理的角度设计。

三、盒面上印一段文字：“适用于幼儿识数教学；小学生巩固、训练算术基本功；初一新生巩固有理数运算法则等。”扑克盒封面印：“学算扑克”大字。

在本扑克牌中，另外设计印刷三张能装在扑克

盒中的金牌、银牌、铜牌,大小和扑克牌相当,形状以圆形为佳。金牌上印上“小神童”,银牌上印“赛电脑”,铜牌上印“铁算盘”。

“学算扑克是:寓教于乐的数学教具,学算游戏是事半功倍的教学方法。”

本扑克的其他特征与一般扑克相同。

说明：

学算扑克与普通扑克基本相同，分红桃（红色）、方块（墨绿）、红花（红色）、三角（墨绿）各13张，草图如下：

♡ □ ♣ △

大（小）五分别印红、墨绿二色。

附：学算扑克设计草图

1 一

2 二

3 三

4 四

5 五

6 六

7 七

8 八

您的孩子可爱吗？

您有足够的教子经验吗？

我——一个老教师，愿意实实在在地和您谈谈，怎样使孩子爱学习，怎样帮助孩子学好中、小学课程的事，同时献给您一套用扑克游戏辅助算术学习的方法。助您教子成功。